我们的爱

许晋杭 著

文化发展出版社
Cultural Development Press
·北京·

图书在版编目（CIP）数据

我们的爱 / 许晋杭著 . — 北京 ：文化发展出版社，2024. 10. — ISBN 978-7-5142-4466-3

Ⅰ . K825.76

中国国家版本馆 CIP 数据核字第 2024LT6442 号

我们的爱

著　　者　许晋杭

出 版 人：宋　娜

责任编辑：袁兆英　　　　　　　　　　　责任校对：侯　娜

责任印制：邓辉明　　　　　　　　　　　封面设计：异一设计

出版发行：文化发展出版社（北京市翠微路 2 号　邮编：100036）

网　　址：www.wenhuafazhan.com

经　　销：全国新华书店

印　　刷：河北盛世彩捷印刷有限公司

开　　本：880mm × 1230mm　1/32

印　　张：7.25

字　　数：139 千字

版　　次：2024 年 10 月第 1 版

印　　次：2024 年 10 月第 1 次印刷

定　　价：79.00 元

I S B N：978-7-5142-4466-3

◆ 如有印装质量问题，请电话联系：0318-6658666

阿沁(Real)本名黄汉青。

2003年推出第一首代表作《遗失的美好》，同年收录在《海豚湾恋人》原声带中，由张韶涵演唱。2004年与陈建宁、詹雯婷组建飞儿乐团，活跃华语乐坛20年，2023年与唱片公司合约到期后离开乐团，成为独立创作人。参与演唱及制作的专辑*F.I.R.*于2005年荣获第16届金曲奖最佳新人奖。曾担任金曲奖评委、索尼音乐大中华区音乐顾问。

个人专辑有《凡·高的左耳》(2007)、《毕加索的谎言》(2017)。

2023年，成立全新音乐创意园地“REAL MUSIC”。

2024年，从500多首原创历年作品中挑选出有意义且大家喜欢的作品，发行纪念原创单曲，包括*Beautiful Love*（原创版）、《偏见》（原创版）、《遗失的美好》（原创版）等。

推荐语 ♪

音乐类别的分享书，特别是创作部分，对于喜欢音乐的人来讲，是具备参考价值的工具书，特别是里面还有阿沁多年来对音乐的观点。仅以上这两部分就是备受期待的好书，推荐大家收藏。

可以说阿沁是音乐界难得的创作才子、新一代的摇滚吉他手。人生因为有挑战才更精彩，期待他更多的好作品！

我真心喜欢在音乐这个江湖欣赏身边厉害的音乐人，然后某一天，听见他们那些令人赞叹惊艳的好作品。

看着音乐圈的发展起起伏伏，我在想：要在这个江湖里存活，除了天分、怀抱梦想和机遇之外，还需要什么？

音乐人真的只要风花雪月，尽可能地寻找灵感，全凭感觉去创作音乐，就可以了吗？

如果听听音乐圈内朋友的经历，就知道做音乐从来没那么简单。

我认识的阿沁，是一个找到了自己独特风格的音乐人。

他可能是我认识的人中少数给自己定下明确目标，不停创作的那种音乐人。我必须说，这种自律精神在音乐人身上真是难得。

他也是那种非常愿意分享经验，助人写歌、做音乐，并且一直以此为志业的音乐人。

阿沁尊敬音乐产业和前辈，同时努力精进自己并提携后进。我认识的阿沁，有这样的生命历程和态度。

作为音乐人，我相信这一切必然丰富了他自身的音乐生涯。

许多人虽然向往成为音乐人，但也许只走出了音乐生涯的第一步就止步不前了。阿沁的书，让我们知道：认真学习是多么重要；永远怀着热情活在音乐里，对音乐人来说是多么美好。

我第一次正式认识阿沁，是在十几年前的某个乐队比赛的评审席上和他聊天，他在音乐创作方面的热情和想法给我留下了深刻印象。后来在业界不断听到他的佳作，一直觉得他很用功，是少数作品叫好又叫座的音乐人，他是年轻音乐人很好的榜样！祝愿他在未来的十年、二十年里好歌不断，继续为华语音乐注入新生命！

有人说音乐创作就像做菜，

有人说音乐创作就像调酒，

有人说音乐创作就像画画。

有人说音乐创作是寻找灵感、诉说灵感、抒发灵感；

有人说音乐创作是制造灵感、编织灵感、提供灵感。

有人说音乐创作就像练功，

也有人说音乐创作像修行。

让我们继续在创作的路上不忘初心、无乐不作吧。

期待阿沁老师的音乐创作。希望他好歌不断、经典不灭。

序言 ♪

我读小学的时候，曾经干过一件事：把歌词抄在作文上。结果被老师画红线表扬“写得不错”。

这里面，飞儿乐团的歌词可真没少抄。

后来在朋友的介绍下，我认识了阿沁。

认识我的朋友都知道，我有一个习惯，就是认识一个人以后会跟他合作单曲。在合作的过程中，我从阿沁身上学到了很多东西。

第一点：重视感

我人在中国大陆，阿沁在台湾省，所以我们只能通过视频开会。

当时阿沁约我开创作会议的时候，我以为是他自己跟我聊，没想到视频一打开，发现还有其他几个部门的同事，在不同的地方同时打开视频会议。

其他的先不说，就冲这个画面，我就已经倍感重视了。

我觉得以后我开展一对一辅导业务的时候，也要按照这个规格来。

第二点：掌控感

我们开完创作会议以后，制作团队列出了一个周期表，就是什么时间要完成什么工作。

整个进度卡得非常准，没有提前，也没有延后，给人一种“一切尽在掌控中”的感觉。这种掌控感会让合作方有一种踏实感。

反观现在很多人，明明答应好过两天给你答复，可是他的“过两天”，可能是过一个礼拜。

和这样的人合作，既是第一次合作，也是最后一次合作。

所以，在商业合作中，诚信就是命，要么不答应，答应就拼命。

第三点：惊喜感

我以前跟其他制作人合作时，都是让对方按照一个方向出一首歌的旋律给我，而这次跟阿沁合作，他直接在规定的时间内创作出三首曲子给我。

三首曲子，三种曲风，关键是每一条都非常精良。

给对方超过预期的结果，这绝对是商业世界中的绝招。

第四点：画面感

你以为阿沁给我的三首曲子是三个音频吗？

不，他给我的是三个视频。

他给每一首曲子都配上了MV，让曲子更有画面感。

这就好比客户找设计师设计装修，一个是拿三张效果图给客户看，另一个是直接带客户去三个场地看，让客户身临其境，以便客户更快做出决定。

第五点：专属感

阿沁人在台湾省，因为一些原因，他没有办法跟我一起碰面录制。

我还在想录制的时候该怎么弄。结果，他马上拉了一个群，到时候让张杰的制作人从成都飞到我所在的城市，现场指导我演唱。

以前都是我专门飞到北京的录音棚，现在是别人专门飞过来。

这种专属的感觉很爽。

第六点：自由感

本来我是要飞到台湾省录制的，但因为一些原因，我只能在中国大陆的录音棚录音，然后把音频发给阿沁进行后期制作。

可是，我的时间最近排得比较满，不确定具体在哪个城市。

把我的档期表拉出来一看，要在深圳、晋江、广州、厦门等地轮轴转。

阿沁说，不管我在哪个城市，他都能帮我安排录音棚。

最后，我的音频是在惠州的一个录音棚录制完成的。

早上在惠州讲课，晚上在惠州录音。这种自由的感觉很酷。

第七点：稳定感

我喜欢聊天，喜欢在聊天中学习别人身上的优点。

在录音的过程中，我跟阿沁团队的录音师聊到阿沁的很多工作习惯。

我问："你们跟阿沁老师工作，对他最深刻的印象是什么？"

录音师说："效率。他要求你在规定的时间里要完成规定的内容，速战速决，还要保证质量。"

听完这个回答，我在想，果然优秀的人身上都有这样的特质。

记得我采访蔡志忠老师时，蔡志忠老师就说过，如果你想成为一名非常厉害的职业漫画家，必须具备一个能力，那就是画得要足够快。不然你跟不上出版社的速度，很快就会被别人甩在身后了。

如果把优秀的人的特征总结成九个字，那就是：速度快，状态稳，效果好。

以上这七点就是我从阿沁身上学习到的。

随着和他的接触越来越频繁，我发现了他身上越来越多的故事，我们一拍即合，顺势一起写了这本书。

希望这本书里的故事能带给你温暖，让你看到更多音乐创作背后的故事。

许晋杭

2024年4月18日

于深圳市龙华区

CONTENTS
目　录

引子♪

从初中开始，我常常在半夜问自己："人为什么要活着？人生有什么意义？"

——阿　沁

阿沁亲口描述自己的人生与音乐故事，包括童年学习画漫画、高中首次学习吉他、人生第一次作曲、高中打电动街机、翘课玩音乐和学钢琴、飞儿乐团同名专辑*F.I.R.*一炮而红的幕后花絮与出道即巅峰的心路历程、回归家庭和在事业上心态的转变。

"我念幼儿园、小学的时候，生活中并没有音乐。那时候，我迷上了漫画书，如《七龙珠》《哆啦A梦》，我也喜欢听里面的配乐。除了爱看漫画，我还爱画漫画，一直画到高中，这就像是一个漫画家或插画家的人生节奏。而陪伴我的，就是那些动漫配乐或主题曲。

"当时，《灌篮高手》、宫崎骏创作的一系列动漫的画面感和世界观，与我的音乐和绘画相互融合，我猛然发觉自己的作曲家与漫画家身份交叠在了一起。

“在高中生活的尾声，我试图从一成不变的生活模板中找到自己的独特性。我投身吉他社，同时开始作曲，力图打破枯燥的生活模式。当时，我一直在思考是否能将我在动漫世界中领悟到的经验运用到音乐创作中，做出不一般的音乐作品。”

阿沁在叙述自身的过往时，读者还能从字里行间深刻感受到华语音乐的发展变革。

PASSAGE 1

第一篇

出道即巅峰的第一张专辑

1.什么时候开始感觉自己红了？

阿沁：我的个人经历有些特别，因为上大学的时候，生活还是挺苦的，其中有两三年的时间都在努力搞音乐创作。我从小就是偏宅男型的人，没有什么社交活动。上大学之后，我几乎将所有时间都放在音乐上，学钢琴、学音乐，还花时间跟老师学编曲，始终专注于音乐。和其他很多音乐人不同的是，我上大学时的目标就是做幕后音乐，我没想过当歌手，反而羡慕像李宗盛老师那样的创作者，或者像袁惟仁老师那样的幕后音乐人，自己能够作词、

作曲。正因如此，我花了很多时间在创作上，以至于很多大学同学都给我取了一个绰号——怪咖，因为他们上课的时候基本看不到我。那时候，我总是翘课去练琴。下课以后，他们照样看不到我。他们经常约我出去玩，但我不去，什么KTV、联谊活动之类的，统统都不去。

整个大学时代，我一直醉心于音乐创作。这里有一个插曲。在成为歌手之前，我卖掉了人生第一首成名曲，那就是《遗失的美好》。那个时候我已经开始做幕后运营工作了，为了引起关注，我曾给唱片公司投稿，一口气投了十首，结果全部石沉大海。后面我又投了几十首歌，也没有得到回应。但我一直告诉自己，千万不能放弃，即便遭遇失败，也要至少写100首歌，而《遗失的美好》恰恰就是我的第100首歌，也是第一首我成功卖出去的歌。

说起这首歌，当时正好赶上了一部非常火爆的电视剧——张韶涵主演的《海豚湾恋人》，这首歌就是电视剧的主题曲。

当时有很多人都在追剧，我经常在电视旁边等，当同学们看剧的时候，我就告诉他们我正在搞创作的事情，同学们并不知道这些事。等到同学们开始谈论电视剧的片尾曲时，我直接说道："那个片尾曲是我写的，你们知道吗？"

从那个时候开始，有一些同学开始对我刮目相看，他们觉得黄汉青（阿沁本名）似乎还是有一点想法的，他能够坚持做自己喜欢做的事情。

从影响力的角度来说，这首歌对我非常重要。虽然这首歌并没有直接使我出道成为歌手，也不是我本人演唱的，但是在我心里，它就像一剂强心针，让我意识到自己坚持的价值和意义，第一次感觉到自己是可以在音乐道路上继续走下去的。

这首歌的创作源于我的初恋女友，说起来，我真的应该感谢她，这一点我在讲课的时候也说过。我觉得很多时候，两个相爱的人分开了，会感到非常难过，觉得整个人生都崩溃了。但时过境迁，我才明白这份感情一直在帮助我们成长。

现在回想起来，那个时候的我非常伤心，毕竟当时一心沉迷于音乐创作中，功课学得不好，经济方面也遇到了很大的困难，接连的打击几乎让我崩溃。说起初恋女友，我知道她现在过得很好，她的伴侣是一位医生，我听说他们已经结婚生小孩了，日子过得非常幸福。

《遗失的美好》就是我和她分手时的作品。因为当时我一直在写歌，没有时间陪她，她也不谅解我的行为，导致矛盾越来越深，加上有学长在追求她，所以我们就分手了。我们没有吵架，彼此也没有太多的挽留，就在相互谅解中分了手。我觉得这样的感情就是一种遗失的美好。其实这首歌最初的名字叫《杯子》，说的是我们在纪念日买了两个杯子，这两个杯子一直放在家里，分手后，她忘记带走了。我经常会见到它们，每次看到后都会回想起我们在一起买东西的点点滴滴，生活中的那些小事情历历在目。

创作完这首歌之后，我们学校举办了一个比赛，我报名参加了创作组的比赛，唱了这首歌，这首歌被音乐制作人发现并认可。从这个角度来说，我非常感谢我的初恋女友。

2.可以聊聊《我们的爱》这首经典歌曲吗?

阿沁:《我们的爱》这首歌涉及我个人的爱情故事。其实我接触音乐非常晚,小时候我学的是画画,唯一的兴趣就是画画。我上幼儿园时,妈妈觉得我有绘画的天分,因此把我送到艺术中心去学习。对于进入艺术中心学习绘画这件事,我一直非常开心,个人的兴趣很强烈。

在学习绘画的过程中,我始终没有接触和学习过音乐知识,一直到了高二，才稍微学了一点吉他。因为我小时候从来没有学习过音乐，音乐底子很差，所以学吉他的时候难免有一些急躁。那时候我的学习压力不算大，但我基本上还是以读书为主，吉他只是偶尔练一下。

当时学校里有专门的音乐会，我因此有了登台演出的机会。我的高中生涯是在台中第一高级中等学校（简称台中一中）度过的，那是一所男生学校，整个学校里都是男生，大部分学生都没有恋爱条件。有一次我跟着吉他社一同去附近一所女校（晓明女中）演出，因此有了接触女生的机会。

那一次，我上台演唱了一首歌，获得了台下女生热烈的掌声，这让我第一次感受到被女生认同的那种自豪感。当时，这所女校安排了一位学生会的女同学来接待我，她姓白，就称她“小白”吧。我们在接触的过程中产生了感情，开始交往，这段感情故事就成为我创作《我们的爱》这首歌的素材。

《我们的爱》描述的是我自己的爱情故事，我用这首歌来纪念这段长达四年的爱情。这首歌的第一句是：

“回忆里想起模糊的小时候，云朵飘浮在蓝蓝的天空，那时的你说，要和我手牵手……”

这段歌词很有画面感，其实说的就是当年我们在一起的一些片段，那时候小白家住在比较靠近乡下的地方，她住在南投县（中国台湾省中部）。我经常要骑车上学，因此每个星期六中午下课的时候，我都会去接她。我骑着自行车一路往南投走。不知道您是否去过南投，那地方在山上，我的行程其实就是一个上山下山的过程。路途比较远，道路也不太好走，往返需要三小时左右。但我每次都非常卖力地骑车过去，为的是得到一个和她短暂相处的机会。

在那样一种氛围中，我对周围的一切都漠不关心，所以我在副歌的第一句写道："从此以后我都不敢抬头看，仿佛我的天空失去了颜色。"

老实说，那条路上的风景非常漂亮，现在也是一个非常美的景点。走在路上，你会觉得天空永远都是蓝色的。可是我们分手之后，那条路上的风景就不再具有吸引力了，天空变成了灰色，如同这段苦涩的失恋经历一样。我创作这首歌的时候在上大学，还没有成为歌手。我只是碰巧喜欢写歌，同时在练习弹钢琴，因此想到用音乐的方式记录下那段刻骨铭心的情感。

3.当时想过这首歌的社会反响吗？您在什么时候感觉到这首歌开始火了？

阿沁：说到这个问题，其实非常凑巧，那个时候的我已经是飞儿乐团的成员了。

当我们（飞儿乐团）和华纳唱片签约之后，就一直跟唱片公司讨论第一张专辑的事。您知道，唱片公司在制作每张专辑时，都会去思考作品的传播力度如何，会分析作品够不够好，在市场上发行之后会不会产生很好的反响等。

当时公司的总经理是陈泽杉先生，他曾一手包装了很多“天王”“天后”，像孙燕姿、林俊杰、萧敬腾等人都是他推上去的。在制作第一张专辑的时候，我们几乎一整年都在录音室录制唱片，他经常会过来查看进度，关心一下歌手的演唱情况。有一天，我们正在录歌，他走过来和我说，觉得专辑里面可以再放进去一首抒情歌，一首很感人的抒情歌。

我听了他的话，立即表示自己手里刚好有一首抒情歌，也就是《我们的爱》的原型。

我拿起吉他在录音室外演唱了《我们的爱》，他听完后非常肯定地说：“我就在等这首歌，华纳唱片可以尽全力投入资金了。”

我觉得第一张专辑非常出色，如果少了《我们的爱》那首歌，可能也有*Lydia*、《你的微笑》这样的好歌来支撑，但整张专辑好像少了一点东西。这首歌究竟重不重要呢？我觉得它很重要。

对我来说，它更像是一种生活经历和创作理念的碰撞。其实早在16岁的时候，我就在头脑中酝酿这首歌了。这首歌的故事本身就是那个时代的，经过六七年时间的沉淀，它所蕴含的精神内核更加成熟。更重要的是，我感觉这是我命中注定的一首歌。可以说，这张专辑中最重要的一块拼图早在我16岁的时候就已经出现了，当时我还没有进入飞儿乐团。

言归正传，我们这么多年来已经发行了好几张专辑，公司每次都会投入几千万元给我们做包装。我觉得歌迷和粉丝最终听到的、感受到的那种体验才是最重要的。就像一部电影一样，如果一点也不好看，公司还要投资去推广，难道是想让更多人知道这是一部大烂片吗？

4.《我们的爱》听起来很有感觉，但为何第一张专辑所有歌曲的创作者都统一挂名F.I.R.?

阿沁：当时无论是飞儿乐团还是华纳唱片公司，都非常重视第一张专辑，因而投入了大量的资源。对于所有歌曲，飞儿乐团一直都在努力修改和完善，试图打造出最完美的效果。为此，陈建宁老师和我分开创作，各自写出了非常多的歌曲。但为了不在内部形成拉扯力量，陈建宁老师提议所有作品不分你我，共同挂名F.I.R.。这张专辑最终收录了很多我早期创作的曲目，这样的署名方式让大

家心中少了很多矛盾。不管录用谁的作品，均统一视为团队作品和团队成绩。当然，发行成功之后，后续的专辑就不需要用这样的方式来标注了，开始让大家明确各自的创作风格。陈建宁老师的优美华语抒情、詹雯婷的独立特色风格，以及我擅长的动漫式转调华丽摇滚和世界音乐风格，就各放异彩了。

5.《我们的爱》这首歌有些与众不同，你们似乎注入了很多新元素？

阿沁：是的，《我们的爱》是一首情歌，但飞儿乐团做了大胆的尝试，使得它跳出了传统情歌的悲情基调。歌曲改变了过去比较流行的奇幻叙事风格，加入了更多人与人之间的真实情感，更加贴合人们的情感需求。歌曲还摆脱了传统摇滚乐的音乐概念，出色地利用了钢琴与弦乐的配合，打造了华美的爵士乐风格，旋律非常大气，且优美动人，这种简单直接的旋律线条呈现出了一种新的音乐

结构。再搭配詹雯婷近乎完美的真假音自由切换，整首歌一气呵成，呈现出了很好的效果。

其实，在制作专辑*F.I.R.*的时候，我们三个人已经在努力进行新的音乐尝试了。相比当时中国台湾流行的音乐元素，我们更想注入一些与众不同的内容，而加入人文内涵则是一次大胆的尝试。为了达到这个目的，我们三个人花费了很多时间来深入普通人的生活，以普通人的心态来感知生活，创作了富有人文气息和情感的歌词，并以此来表达自己对社会的看法、对生命的疑问、对爱情的渴望，以及对未来的期盼。*F.I.R.*并不完全是在说感情，也不完全是在讲述一个故事，而是在音乐中传递那个时代的年轻人内心真正想要表达的声音。从某种意义上说，我们一直在努力感受时代的需求，想方设法寻找下一个时代流行音乐的新指标，所以需要在创作中重新定义流行音乐的一些标准。

这些标准不仅体现在歌词上，还体现在音乐新概念的挖掘和运用上。只要认真分析就会发现，我们打造了新的音乐模式、新的旋律，直接将摇滚乐、古典乐、民谣风有机结合起来，赋予声音更多的层次，而这不正是我们生命丰富多彩的一种体现吗？

6.我们刚才聊了《遗失的美好》和《我们的爱》这两首歌，但在您的成名之路上，*Lydia*才是关键点，您能聊一聊这首歌吗？

阿沁：*Lydia*原本想写一首动漫式歌曲，当时我很迷恋一个歌手叫宝儿（BoA）。*Lydia*的灵感来自她2002年的作品*Every Heart*，两首歌的和声与和弦转调方式是一模一样的。当时日韩很多作品都运用大量转调，而华语流行歌曲还都采用以单一调性为主的模式。我思考着如何在华语流行音乐中找到下一个突破口，当时我想尝试

着做出超越华语市场的作品。

这首歌本身具有很浓郁的抒情摇滚风。我们不仅在歌曲中添加了电子元素，还融入了浓厚且华丽的古典巴洛克音乐风格。演唱时，则采用铺陈叙述的手法，整体上层层渲染，不断递进。你只要认真听上一遍，就会发现它是一种巧妙的三段式结构，而且每个段落都安排了不同的转调法。这样的结构有助于宣泄和传递情感，许多人第一次听到这首歌，就觉得十分动听。这样的转调法，也成为我的作品标签，因为当时我是唯一一个大量且巧妙地运用转调的创作者。

当然，*Lydia*的爆火是大家始料未及的，包括我、詹雯婷以及陈建宁老师，都没有想到这首歌会那样火，火到把我们这支乐队直接带火了。不得不承认，那个时候电视剧《斗鱼》的播出帮了我们很大的忙。这部剧大概是当年最火爆的电视剧了，人们很容易将关注点转移到电视剧的歌曲上来。

7.不仅是上面那几首歌，很多人觉得你们的第一张专辑都是神作，每一首歌几乎都是经典，现在听起来依然很有味道，没有过时。我这里有一组数据：你们首张专辑的销量在短短四个月内就达到了惊人的90万张，仅次于周杰伦，而当年你们的唱片销量则雄踞榜单前列。要知道，这样的成绩已经将梁静茹、张韶涵等一众实力派和偶像派歌手甩在身后。你们是凭借什么做到出道即巅峰的呢？

阿沁：这张专辑的反响程度的确超出了我们的预期，包括唱片

公司高层也没有预料到会有这样出色的销量。当然，我们为此做出了很多努力。就像之前我说过的那样，我们在歌曲中融入了很多新元素，无论是专辑歌曲的整体概念设计，还是旋律编写都很有特色。比如，我们尝试使用近似室内乐的弦乐配器，在配乐方面选择流行摇滚的曲风，然后加入一些古典元素以及日式流行歌常用的副歌小三度转调，呈现出了很不一样的效果。

在制作专辑时，我们选歌也非常谨慎，首张专辑的十三首歌，都是从上百首歌曲中精挑细选出来的，包括*Fly Away*、*Lydia*、《我们的爱》、《你的微笑》、《后乐园》、*You Make Me Want To Fall In Love*这样传唱度比较高的歌曲，而且不同的歌曲拥有不同的曲风。

8.有人说你们是开拓者，开辟了流行音乐新的发展方向，对此您怎么看？

阿沁：开拓者的称呼不敢当，我们只是沿着前辈们的足迹，试图为流行音乐注入更多新鲜的血液。当然，我们也想寻找一些新的突破点。了解华语乐坛的人都知道，在20世纪80年代以前，华语乐坛的流行音乐采用的大多是李宗盛这样的前辈所开创的音乐模式，更多地具有深情和深沉的思想，歌曲类型本质上还是更偏向古典。到了20世纪80年代后期，以罗大佑、崔健为代表的音乐人崇尚批判和叛逆的理念，他们会在歌曲中表达自己对时代变革的清醒认识。到了20世纪90年代，经典文化、精英主义和其他有深度的文化开始受到挑战，叛逆风盛行一时，无论是音乐还是电影，都在极力解构有意义、有深度的内核。2000年之后，人们的思想以及流行文化再次发生变化，以周杰伦、陶喆为代表的一大批歌手开始摒弃原有的模式，主张以更加开放、更加多元、更具活力、更加轻松的创作内容和音乐形式来赢得市场的青睐，这是在市场经济高速发展的过程中出现的消费模式和审美情趣。那个时候，中国风与R&B（节奏蓝调）的结合带来了巨大的冲击力，偶像风也开始盛行。我们在这样的形势下，积极地寻求音乐市场的发展方向，找到一些与众不同的东西，这就是我们一直在专辑中积极融入新元素的原因。

9.对您来说，2004年应该是充满魔力的一年，您现在回想起来有什么感觉？

阿沁：说到感觉，可能更多的是“不真实感”。有时候回顾过去，就会发现和做梦一样，而这种感觉在2004年的时候可能并不那么强烈，甚至是没有。

有一段时间，有个歌迷给我看了一年的乐坛盛况，那个百花齐放的情形属实让我有点吃惊。现在我经常会回味那个年代，多少觉得有些不可思议。我曾认真地看过相关的记录，发现那一年真的涌现出了很多好的歌手和音乐作品。比如，2004年，我的偶像周杰伦正处于巅峰时期，依靠专辑*Jay*、《范特西》、《八度空间》以及《叶惠美》的热度，他强势推出了第五张专辑《七里香》，继续占据华语乐坛顶流的位置。1995年，才华横溢的胡彦斌唱了一首令人惊叹的《红颜》，将中国风表现得淋漓尽致。

还有开始积极谋求演唱事业转型的歌手梁静茹，也依靠2004年的专辑《燕尾蝶下定爱的决心》进一步尝试多种乐风，亮丽地站在了歌坛的中心位置，其中《燕尾蝶》和《宁夏》更是脍炙人口、成绩斐然。

至于新人，像林俊杰在2003年凭借其首张专辑《乐行者》获得金曲奖“最佳新人奖”，而他在2004年推出的专辑《第二天堂》中的那首《江南》更是风靡大江南北。不少人当时都在惊叹，这个新加坡歌手将会引领华语乐坛下一个十年的走向。还有主演《海豚湾恋人》的张韶涵，她在剧中饰演出身贫穷但努力奋斗，最终成为歌手的女孩，她在剧中亲自演唱我写的那首《遗失的美好》，这首歌成为她的成名曲，也成为她进军歌坛的契机。

与此同时，乐坛也有不少实力强劲的乐队，五月天当时推出了第五张专辑《神的孩子都在跳舞》，而那首传唱度很高的《倔强》

就出自这张专辑。信乐团则打出了一副“王炸”《挑信》，该专辑中《死了都要爱》和《海阔天空》征服了无数爱唱歌的年轻人，我记得当时很多年轻人去KTV唱歌，都会点这两首高音歌曲。女子组合那一年也取得了很大的成绩，中国台湾的女子流行演唱组合S.H.E推出了新专辑《奇幻旅程》和*Encore*，同年首次举办大型巡回演唱会。中国香港的女子组合Twins在2003年推出的《下一站天后》，也在2004年突然爆红。

这一连串的歌手、乐队，记录了那个最辉煌的音乐时代，而我们也有幸成为其中一员，这是我一直都在感恩的事情。

♪

10.您是1980年出生的，那一年似乎是流行乐坛觉醒的一年，您觉得自己和音乐的缘分是从那个时候结下的吗？

阿沁：1980年，华语乐坛的确发生了很多大事，乐坛大哥李宗盛正式出道。当时的他作为木吉他合唱团的成员，顺利加入宝丽金唱片公司，由此开启了自己的音乐生涯。这位代表了音乐创作巅峰的大咖，影响了好几代人，我也是其中之一。在这之前的一年，罗大佑创作了《恋曲1980》来迎接这独特的一年，并将其收录在1982

CARL
Angel-5
Rock'n Rock
Comic By
2013.02.23

年的专辑《之乎者也》中。这是罗大佑第一首纯正的情歌，这首歌开启了属于他的情歌时代。1980年，从医药学院毕业的罗大佑，在一年时间内还一口气创作了《是否》《光阴的故事》《将进酒》《鹿港小镇》《一样的月光》《走不完的路》《青春舞曲》等作品。离经叛道的造型，才华横溢的创作，极具批判意识的精神内核，引起了很多年轻人的共鸣，使他成为风靡一时的偶像。1980年，歌手邓丽君获得台湾金钟奖“女歌唱演员奖”，成为第一位获得该奖项的歌手。同年5月，她受邀在美国纽约林肯中心登台演唱，荣获纽约市长授予的“金苹果”胸针，之后在美国各地开展巡回演唱会。这一年的邓丽君几乎以一己之力开创了华语乐坛的偶像时代。著名歌星刘文正在1980年推出了经典校园民谣歌曲《乡间的小路》《外婆的澎湖湾》，同年还获得第一届台湾电视金钟奖“男歌唱演员奖”。

总的来说，1980年是中国台湾流行音乐史上非常重要的一年，也是华语乐坛开启新纪元的一年。在这之后，华语乐坛基本上开始慢慢脱离民歌的影响，即将迎来快速的发展。那个时候，很多人都喜欢上了音乐，一些家庭甚至刻意给孩子买音乐器材，让孩子去学习唱歌。不过我母亲还是让我去学习绘画，而且我小时候也更喜欢画画，在音乐方面没有什么天赋。

11.我非常好奇，一个喜欢绘画的人是如何一步步走上音乐创作的道路的？

阿沁：说起来，我走上音乐创作的道路和绘画也有一些关系。在初中时期，日本动漫风靡中国台湾。和其他学生一样，我对日本卡通漫画非常痴迷，加上自己一直在学习绘画，所以立志要成为一位职业漫画和插画家。那个时候，我开始尝试创作动漫作品，后来还非常认真地发行过短篇漫画和插画。

缘分就巧妙在这儿。众所周知，日本的动漫做得非常好，而与之搭配的动漫音乐也是首屈一指的。《灌篮高手》《网球王子》《三国志》《死神》《千与千寻》《银魂》《虫师》《水果篮子》等一系列动漫作品，都孵化出了经典的动漫音乐，喜欢日本动漫的人往往也会喜欢上动漫音乐。在长时间接触动漫的过程中，我对日本的动漫原声带逐渐产生了浓厚的兴趣，有事没事就学着唱几句。

而日本动漫音乐本身就是流行音乐的一个重要元素，通过对动漫音乐的了解，我开始关注日本流行音乐。我至今还记得那个年代风靡一时的TRF、Globe、Mr.Children、GLAY、X-Japan等负责卡通电视配乐的知名音乐团体，对于他们的动漫配乐作品更是耳熟能详，随口就可以哼出几句。从某种意义上来说，正是这些音乐团体充当了我的音乐启蒙导师，引导我从绘画走向了音乐。不仅如此，这些音乐团体所展示出来的日式文化或多或少地影响了我的音乐风格，在我日后的作品中，或多或少都可以见到一些日本流行音乐的元素。

因为痴迷动漫，音乐大门被慢慢打开，而里面的世界让我痴迷和沉醉。我开始有意无意地寻求一些改变，首先是兴趣爱好的变化。进入高中之后，我莫名喜欢上了吉他，还加入了吉他社。可能我当时觉得弹吉他是一件很酷的事情，因此才会尝试着练习吉他，

而学吉他只是我爱上流行音乐的第一步。

在正式接触吉他后，我投入大量时间练习，慢慢放下了画笔。记得有一次，学校里的西画社打算推举一位新的社长，而西画水平很高的我自然成了大家举荐的对象，但我婉拒了这一职务。朋友们都觉得我疯了，老师也来劝我，他认为我应该将重心放在绘画上，未来发展方向才会更加明朗。毕竟按照当时我的声乐基础和能力来说，加入吉他社就是一种小打小闹，甚至是不务正业的表现，但我还是义无反顾地选择了吉他。或许从这个时候开始，我已经被音乐征服了。

12.您谈到了日本音乐对自己的影响，有没有自己特别喜欢的日本流行音乐创作者或者流行音乐歌手呢？

阿沁：2000年春天，我偶然间在唱片行找到了一张日本作曲家长尾大在“大无限乐团”创作的专辑*BREAK OF DAWN*，于是我出于好奇认真听了一遍，立即被专辑中的歌曲所震撼。我从来没有想过世界上竟然存在这么充满梦想的音乐，我在他的作品中感受到了我喜爱的动漫画面感，以及流行音乐的动听旋律。作品中大量不同调性的切换，可以说是随性自如。自己的心灵仿佛被重新洗涤了一遍，整个人被瞬间治愈了。我因此立下志向，自己要成为一名能治愈心灵的作曲家。其实这是一张摇滚专辑，可里面的歌曲却拥有优美的旋律，让人觉得很舒适。

从那一天开始，“大无限乐团长尾大”这个名字深深印在了我的心里，我暗暗告诫自己，一定要像长尾大那样乐观豁达。更重要的是，长尾大在音乐里展示出来的人生态度，让我迫切地产生了做自己音乐的想法。那一刻，我感觉自己的音乐视野得到了很大的拓展。

此前，我想过音乐创作，但并没有具体落实的计划，而长尾大给了我落实自己创作计划的勇气。此后，我开始努力写歌，然后不断向唱片公司投稿，那个关于写100首歌的故事就是从这个时候开始的。因为失败了很多次，我面临着巨大的压力，经受着议论和异样的眼光。大家都说我根本没有接受过系统的音乐培训，也没有良好的音乐基础，即便有一定的天分，也很难在短时间内取得重大突破。也有人说我放弃绘画是一个重大的失误，他们建议我“迷途知返”，放下音乐，重新拾起画笔。

我的母亲一直不懂我为何要搞音乐，她对我的要求就是好好学

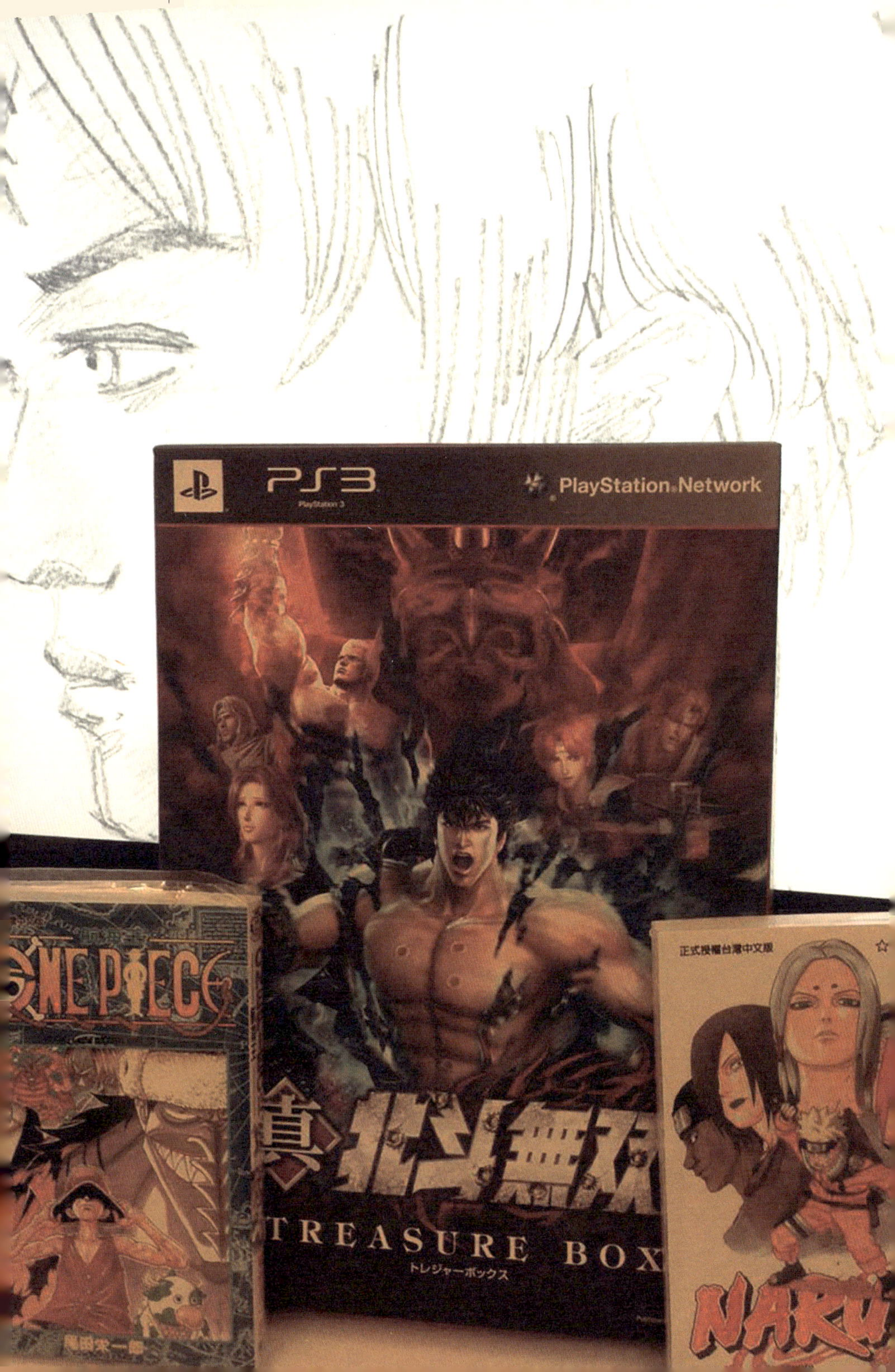
PS3
PlayStation Network
ONE PIECE
真
TREASURE BOX
トレジャーボックス
正式授權台灣中文版

习，将来考个公务员。对于普通人家来说，父母通常都希望孩子可以找一份稳定、体面的工作，而考公务员则是父母最大的执念。毕竟拥有这样一个铁饭碗，意味着一辈子衣食无忧。

面对创作接二连三的失败和他人的不断劝说，我迫切地想要找到一种继续支撑我走下去的力量，这种力量就是对音乐的热爱。我开始制订更完善的创作计划，坚持写下去，而且越来越投入。有时候来了灵感，连饭也顾不得吃，直接就沉浸在创作中。

不久之后，我和好朋友组建了一家音乐工作室，开始半正式地跟音乐事业接轨。而当时垄断日本流行乐坛的小室哲哉成了我最喜欢的艺人之一，我渴望成为像他那样出色的音乐人，还有意无意地模仿他的创作元素。

13.您觉得自己在音乐创作方面有天赋吗？还是说，您就是依靠后天的努力一步步形成自己的音乐风格的。

阿沁：我觉得都有，就像我从绘画跳到音乐，两者并不是毫无联系的。父母和师长都觉得我小时候有绘画天赋，但这种天赋可能更多的是一种艺术审美能力和创造能力，绘画是艺术天赋的一种体现，音乐也是如此。两者作为不同的艺术形式，在本质上是一致的。换句话说，两者是相通的。对绘画有审美能力的人，达到一定境界时，对音乐也有同样的感知和领悟能力。值得肯定的一点是，练习绘画的那几年，或多或少帮助我培养了出色的美学意识。比如，绘画者在视觉上的感知非常敏锐，对于色彩的调配、意境的呈现等非常擅长，而音乐创作同样需要对画面进行掌控，同样需要强大的意境呈现能力。

音乐史学家安布罗斯（August Wilhelm Ambros）说："音乐是心灵状态下最伟大的绘画。"可见两者的关联非常紧密。我曾经听一位老师谈论文艺复兴时期的艺术成果，他说在文艺复兴时期，音乐大部分都是缓缓铺展开来的，而绘画的线条也比较优雅和舒缓。此外，文艺复兴时期的曲式比较单一规整，要知道那个时候的绘画构图也基本呈现为均衡统一的结构，而且文艺复兴时期推崇的复调音乐，和同一时期透视感强烈的绘画风格相似。这就是一个鲜明的例子，表明音乐和绘画在很多时候具有很强的统一性。

我一直觉得绘画上的创意和感受力是自己进行音乐创作的法宝。在创作歌曲的时候，我通常会将自己内心的情感和想法想象成一个个画面，画面的内容、色彩以及框架都是具象的。接下来，我会运用吉他或者钢琴，以声乐的方式将这些画面一点点表现出来。尽管一开始我并不是专业的音乐创作者，但绘画功底让我拥有了潜在的画面设定能力。了解我创作的人，都能够发现我的曲调有着色彩流动和影像感。

BE REAL 水心

这二十年来我一直非常努力地创作，尤其近些年花费了大量时间搞创作。不可否认的是，早年的绘画经历让我有了更强的画面感，对于音乐创作的理解也更深，所以在我接触音乐之后，那种潜在的兴趣和能力就慢慢地被激发出来了。

PASSAGE 2

第二篇

关于飞儿乐团的点点滴滴

1.飞儿乐团当初是怎么成立的？您和詹雯婷、陈建宁是如何走到一起的？

阿沁：关于飞儿乐团，应该说是陈建宁老师主导创建的，陈建宁老师是我们三个人当中最早出道的。和我半路出家不同，陈建宁老师从小就对音乐非常感兴趣，而且他很早就立志要在音乐领域做出一番成就。我知道他在大学期间就积极参加学校里大大小小的流行音乐比赛，还参加了当时极为流行的木船民谣歌唱大赛，那个时候他就小有名气了，好像大学还没有毕业，就认识了一些唱片公司

的制作人，在圈内积累了最初的人脉和资源。

大学毕业后，他进入唱片公司上班。一开始是制作部一个小小的助理，基本上没有什么地位和权限，但凭借着认真负责的态度和扎实的专业知识，他在公司内开始不断攀升，仅仅四年时间就从助理、执行制作、制作企划一路爬升为唱片制作人，这样的成长速度在业内非常罕见。

许多人可能觉得他以前似乎没什么名气，殊不知他曾经为很多知名歌手量身定制过不少经典歌曲。现在的年轻人可能不太清楚，但在那个时候，他被圈内的资深制作人称作“歌牛”。他是一个很有音乐抱负的人，在人生的辉煌期突然放下手中的工作，开始创业。2002年，他投资千万创立了自己的音乐制作公司“无限延伸音

乐事业股份有限公司”。整个公司拥有两间专属专业录音室、舞蹈彩排室、编曲室、练团室，在那个年代，这已经是省内少数设备完善的音乐制作和艺人培训中心了。

成立公司后，他就开始挖掘新人，詹雯婷就是这个时候被他挖掘出来的。他原本打算找詹雯婷组队，那个时候，男女二人组的形式还是很新颖的。说起詹雯婷，她的确是一个很棒的歌手，而且在出道前她已经是一个非常成熟的歌手了，无论是演唱功力还是舞台掌控力都达到了很高的水准。她在辅仁大学上学期间经常参加各类音乐比赛，而且每次都可以获得成功。有一次，陈建宁老师去辅仁大学采风，第一次见到詹雯婷，他就对这个长着油桃脸、大眼睛的女孩子印象深刻，听说詹雯婷的大名后就邀请对方演唱一曲。据说仅仅是几句简单的试唱，就让陈建宁老师惊为天人。

我是最后加入的，我当时将《我们的爱》、《你的微笑》、*Lydia*、《流浪者之歌》等歌曲的DEMO（样本唱片）制作成光盘，带到陈建宁老师的办公室，请他点评，希望他给些意见。毕竟自己是新人，搞不懂自己在家闭门造车的作品是好还是不好。当时带了大约100首DEMO，我记得有十多张光盘，陈建宁老师在他忠孝东路的工作室一首一首认真听我的歌曲，并且拿笔记录下他觉得好的歌曲。一个下午听完所有乐曲，他直接问我要不要加入他即将组建的乐队，因为他认为有了我的作曲效率和质量，这个团队基本上已经五脏俱全，当天下午飞儿乐团就创团了。

2.能聊聊你们的组合吗？你们之间有什么趣事？

阿沁：我们的组合最早是陈建宁老师帮忙创建的，他也是飞儿乐团的经纪人，平时对我们的管理比较严格。我们出道的时候，无论上什么节目，都要保持毕恭毕敬的姿态，我们都自嘲要表现得像一个女人一样，看起来尽量乖一点，但事实上，我们那时候已经有点叛逆了。

我的个性相对来说好一点，我是双鱼座的，在整个乐团里面经常扮演调和者的角色，陈建宁老师和詹雯婷经常会吵架。陈建宁

老师是天蝎座的，天蝎座的人比较喜欢追求小细节，而詹雯婷要更加年轻一些，她属于那种比较自我的人，有自己的生活态度和生活方式，因此免不了和陈建宁老师产生冲突，因此我的角色就很重要了。一般情况下，我都是团队内的“和事佬”，是整个团队的润滑剂。我的粉丝对这一点可能也很清楚。比如，平时相安无事的时候，大家的关系就比较正常，但吵架之后，一旦登台表演，就可以明显看出问题。因为在舞台上表演时，詹雯婷往往会向我这边靠，这个时候整个舞台的画风就会让人觉得失调。我觉得这样的情况很有趣。我可能会跑去陈建宁老师的键盘区跟他互动一下，以平衡舞台的感觉。作为一个处于磨合期的初创团队，出现这样的情况很正常，大家还没办法把私下的情绪和台上的表现切分开。但是，团队合作本身就需要相互学习、相互磨合。

3.2008年，阿沁也参与演唱了北京奥运会主题曲《北京欢迎你》，那应该是一段很美妙的经历，您对此一定印象深刻吧？

阿沁：是的，2008年的经历可能是我们进入乐坛以来最高光的时刻，能够有幸演唱这样的歌曲，代表了大家对我们的认同。如果仔细分析，就会发现包括2006年、2007年，我的音乐创作道路一直都蛮顺利的，每张专辑均有代表作，像《飞行部落》《眷恋》《月牙湾》都是我当时的作品。我也开始尝试中国风与流行元素的结合，

像《雨樱花》《第十行星》这样比较科幻绚丽的歌曲设计，当时专辑销量都不错。

而2008年算是给我们带来了新希望，我们的事业迎来了一波小高潮，除了演唱《北京欢迎你》这首歌，飞儿乐团还一口气拿下了“劲歌王”三项大奖。那个时候，我们三个人对未来充满了期待，觉得自己很快又可以成为唱片市场的宠儿。当然，我们依旧面临诸多问题和压力，但仅从2008年这一年来看，我们的成绩还算不错。

♪

4.您觉得您个人属于感性的人吗?

阿沁：我觉得我是情感比较丰富的人，陈建宁老师或许更加稳重和理性一些。比如，我曾经写过一首歌《后乐园》，整首歌讲述的主题是：很多人认为相爱的人只有在分手后才会产生撕心裂肺的痛，但真正的痛苦，或许是两个原本相爱的人，发现双方再也没有在爱中携手走下去的勇气或者理由，这样的痛才真正让人感到绝望。我基本上沿着这样的情感基调和情感宣泄的方向来创作歌曲。还有一首歌《你很爱他》也是我在一次情绪很低落的时候创作出来

的，当天晚上是边哭边把歌曲一次唱完的，歌曲也是一遍即兴写完的，所以很多乐迷很喜欢这首很简单的歌。歌词基本上就是一首白话文，演奏的乐器只是一把吉他，但包含了我当时丰富且真实的情绪。

5.听上去这首歌是一个例外，因为据我所知，您的歌曲往往具有一股向上的力量，您似乎喜欢用乐观的心态来看待生活，不太喜欢那种低沉的、压抑的、悲情的基调。

阿沁：就大部分歌曲来说是这样的。我是乐观派，觉得生活或者生命本身就包含一些挫折、苦难的元素，既然人生那么苦，为什么不看开一点呢？为什么不多给自己一些希望呢？我不太喜欢一些灰色调的东西。这一点从我写的歌曲上也可以看出来，除了非常注

重编曲色彩的运用，还非常看重正能量、明朗的线条。

比如，我曾写过一首歌*Fly Away*，这是一首很有力量的歌。写这首歌时，飞儿乐团还没组团，我对自己未来的发展还没有一个明确的规划，大学刚被要求退学，因为期末考试分数不及格，学校开除了我的学籍。当时，我不知道明天的道路在哪里，所以这首歌其实是写给我自己的，里面包含了我成名前对自己的一个鼓励和愿景。“Fly away，不管流下多少眼泪，坚持下去的动力还在”就是我在一个茫然的清晨写下的歌词。

组团后，面对竞争激烈的市场，我决定借助这首歌向所有音乐人传递一种发自心底的音乐理念，传递一种无所畏惧的精神。后来也有人称它为“飞儿精神”，什么是“飞儿精神”？就是人们越是处于人生的低谷，就越需要强大的精神力量和明确的奋斗方向，为自己的梦想奋斗。

“梦想”这个主题虽然听上去比较平庸，但其实任何人都需要梦想，任何时候都需要梦想，我们写的这首歌很容易引起共鸣。

PASSAGE 3

第三篇

不可或缺的音乐互动

1.孙燕姿的歌曲《第一天》是你们一起创作的吗？可以聊聊这首歌吗？

阿沁：因为我们和孙燕姿都是华纳唱片公司签约的歌手，在写歌的时候，公司的高层觉得可以找五月天一起来合作，确定下来之后，我们、孙燕姿以及五月天，就开了一个三方会议。

那时候孙燕姿基本上都待在新加坡，当时的网络也没有那么发达，没有视频通话之类的功能，大家有什么事情只能通过电话进行

沟通，几个人经常一边打电话一边唱歌，通过电话，大家畅聊各自的音乐想法。

后来这首歌也成为歌迷回忆青春的一首经典曲目，因此对我们来说，一切的付出其实都是值得的。许多人或许没有注意到一点，《第一天》这首歌的歌名有一个巨大的彩蛋。《第一天》的英文名字是*FIRST DAY*，这个取名源自各位联合创作人的名字，其中FIR代表飞儿乐团，ST取自孙燕姿英文名中的Stefanie，DAY取自五月天的英文名Mayday。从名字上就能够看出来大家创作这首歌的初心，它代表着将飞儿乐团、孙燕姿和五月天的音乐想法融合在一起的理念。

也就是在那个时候，我认识了五月天的团长及吉他手“怪兽”，他拿了好多自己收藏的吉他出来秀，我非常痴迷吉他收藏，因此两个人拥有很多共同语言和话题。

在创作的时候，我和怪兽经常会进行交流，分享彼此的收藏品。怪兽收藏的吉他比较多。我收藏的吉他数量虽然没有他那么多，但其中最贵的一把也价值几十万元人民币。除了吉他，平时我也会收藏麦克风、键盘之类的录音设备以及乐器。很多音乐人和明星喜欢车和手表，我对这些东西都不感兴趣，应该说我对音乐以外的东西都不感兴趣。

2.在创作《第一天》这首歌之前，您认识孙燕姿吗？华纳唱片公司为什么会找你们来共同创作？

阿沁：在创作这首歌之前，华纳唱片公司一直积极地为孙燕姿推广新歌，毕竟作为东南亚地区受人追捧的女歌星，孙燕姿在音乐市场上的影响力很大。早在2000年出道时，她就凭借《天黑黑》一曲成名，斩获2001年金曲奖“最佳新人奖”。而在更早一些时候，华纳唱片就已经看好她的潜力并打算花重金培养她，据说早在孙燕姿还在李伟菘音乐学校上学的时候，正好赶上即将上任的华纳音乐

董事长到访，于是李伟菘安排几位表现出色的学员上台表演。当天，孙燕姿凭借独特的嗓音、高超的演唱技巧，以及扎实的音乐功底，成功引起华纳制作人的注意。制作人说服高层，希望他们立即签下这位颇具潜力的才女，此事轰动了整个学校，也在华纳唱片公司内部引发热议，但那个时候，孙燕姿的父亲希望女儿先完成学业，再进军歌坛，于是华纳唱片公司等了孙燕姿整整两年。2000年，大学毕业的孙燕姿顺利进入华纳唱片公司，此后，孙燕姿就成了乐坛的超级明星。

2003年，孙燕姿曾经短暂告别歌坛一年。2004年，她以新发行的第八张专辑*Stefanie*作为复出的铺垫，结果唱片大卖，直接在亚洲创下了220万张销量的好成绩。在飞儿乐团最辉煌的时候，我们和孙燕姿一直惺惺相惜，我们一直期待着可以和这样顶级的华语歌手进行合作。华纳唱片公司觉得飞儿乐团的创作能力和孙燕姿的演唱能力、市场影响力可以完美融合，而在创作《第一天》这首歌时，公司高层找到我们，希望促成一次合作，就这样飞儿乐团和孙燕姿因《第一天》这首歌而正式结缘。

3.据我所知，五月天当时是滚石唱片旗下的歌手，那你们应该是竞争关系吧，怎么会在一起合作呢？

阿沁：五月天当时的确是隶属于滚石唱片的乐队，他们在1998年就加入滚石唱片，也是一支创作型的乐队。自从出道以来，五月天所有成员都很认真地做音乐，乐队的主唱阿信很早就强调要独立开展词曲创作，所唱的歌曲都是自己作词、作曲的。我非常欣赏他说过的一句话：“**写歌给自己，也写歌给别人。**”虽然五月天当时隶属于滚石唱片，但五月天在业内的口碑向来很好，是非常负责任

的创作团队，我想这也是华纳唱片高层愿意邀请他们合作的原因。

与五月天进行合作还是非常开心的，我们虽然有竞争关系，但更多的是彼此认同。他们比我们出道更早，算是乐坛前辈。五月天的成员早在1992年就认识了，几个人除了鼓手冠佑，都曾加入台湾师范大学附属高级中学的吉他社。成立So Band乐团后，他们各自上了大学，但还是会聚在一起演出、在酒吧驻唱。大概是1997年，他们正式组建了乐队五月天。这里有一个非常励志的故事。1998年，五月天录制了自己创作的歌曲，然后将其邮寄到滚石唱片，由于不知道该寄给谁，就写上了“制作人收”。当滚石唱片收到邮寄的包裹后，看到没有具体的收件人，并没有在意，直接把包裹扔进了垃圾桶。或许是命运使然，那一天，李宗盛刚好上班，偶然见到垃圾桶内的包裹背面有一行字“麻烦听完了再扔”。正是这句话引起了李宗盛的好奇心，于是他拆开来听，很快就被五月天的音乐打动了，立即说服高层签下了他们。

我觉得，机会都是留给有准备的人的，只要一个人有真才实学，那么他的才华迟早会被挖掘出来，一个乐队也是如此，只要提升自己的音乐水准，就能够赢得大家的认同。

4.和五月天一样，你们似乎也喜欢帮别人写歌，您觉得推动你们去做这件事的动机是什么？是不是会给自己带来很大的成就感呢？

阿沁：我的确帮很多歌手写过歌，巅峰的时候，中国台湾一周华语唱片销量排行榜前十名里有四五首歌都是我写的，那个时候我感觉自己写的歌终于迎来了巅峰时刻。这种认可跟当歌手被人认可是完全不同的。我在乐队和组合里被认可，更多的是被市场和歌迷认可；而写歌被认可，则是被圈内的同行认可，这种认可在某种

意义上更让人有成就感。因为同行对你的音乐能力的判断会更加专业，尤其是当竞争对手公司也来找你写歌时，有时候的确会产生一种不可思议的感觉，你会对这一类认可感到受宠若惊。

也有很多人会感到疑惑：为什么要给别人写歌？这些音乐的好点子不能自己留着用吗？如果能够将好的音乐灵感运用到自己的专辑中，那不是更好吗？为什么非要分享给别人呢？毕竟其他歌手或者乐队都是潜在的竞争对手，为别人提供各种创作能量，这不是在变相削弱自己的竞争力吗？不过我真的没有想那么多，我觉得最重要的是创作者自己的作品能够得到专业人士的认同，这就是最好的结果，至于谁唱这首歌，我一点也不在乎。

在为别人写歌的时候，我每一次都很用心，会认真理解对方的诉求，全身心投入其中。有一次，一位歌手邀请我帮忙写歌，过了两周，我就将完成的作品交到他手上，歌手听了一遍又一遍，觉得非常满意，于是决定尽快录制，争取一周后发歌。可是当这个歌手快要完成唱片录制的时候，我给他打了一通电话，一再强调有一个调子需要进行改动，这样整首歌的旋律会更加顺畅好听。但歌手认为现在呈现出来的效果已经很不错了，没有必要继续改动，他大概不想继续麻烦我，所以直接告诉我就这样算了。当天晚上，我又给他打了几个电话，他实在没办法，只好做了修改。这首歌出来后，效果非常好，他也觉得很满意，但见了面，还是吐槽我实在太负责任了。

5.您的巨作实在不胜枚举，其中我觉得*Beautiful Love*是一定要拿出来采访您的一个作品！这首歌的创作缘由有没有什么特别的故事？为什么会让蔡健雅唱呢？

阿沁：这首歌在我的作曲生涯里算是重要作品，因为当时蔡健雅已经是创作型女歌手的顶流，她是非常好的原创音乐人，一直在积极地做自己的音乐，在业内获得了很大的认同。一般情况下，像这种优秀的原创音乐人会使用自己创作的歌曲，但她竟然选择了我写的歌，这让我感到很惊讶，当时公司内部有很多同事也觉得不可思议。当然，这首歌被创作出来后，大家也给予了积极的认可，很多唱片公司的人都在聊这件事，他们觉得阿沁这个人真的很擅长写歌。

这样的认同对我来说至关重要。那个时候我刚出道三四年，也开始帮一些歌手写歌，渐渐积累了一些名气，所以蔡健雅才会找到我。她一直认为我创作的歌曲很有水准，旋律非常好听。能够获得她这样优秀的创作者和歌手的认同，我感到开心。

说起这一次的合作，其实最初是华纳唱片公司的一位同事找到我，他是专门负责帮歌手收歌的。比如，有歌手想要发行歌曲，公司内部就会有个专业企划帮忙确定整张专辑的内容和方向。如果想加入一些特别的内容，打造不一样的风格，那就可以找外部的专业人士帮忙。华纳唱片公司的这位同事当时就说了这件事，大意是蔡健雅想让外人帮忙写一首风格较不一样的歌曲，虽然同事只是简单地说了一下，但我还是记在了心上，开始认真创作，前后大概花了一个星期的时间。在这一个星期内，我并没有去听蔡健雅过去的任何一首作品，因为我不希望自己在创作时受到她创作元素的干扰。

刚好在那个时候，我和当时的圈外女友正在异地恋，因为大家都很忙，相隔的距离非常远，一个月只能见两次面，平时自己只

能饱受相思之苦，所以就想着可不可以将这个故事套用在歌曲创作中。尽管我对蔡健雅并不了解，但还是觉得可以尝试一下，并坚信可以取得很好的效果。

我完成作品之后，直接将歌曲发给蔡健雅听，结果她听了以后非常喜欢，觉得实在太好听了。

6.有没有想过*Beautiful Love*这首歌一出来就成了蔡健雅的代表作和K歌“神曲”？您当时有预感吗？

阿沁：这个倒没有，我对这首歌是否会变成“神曲”、成名曲并没有什么预感，只是在创作完成后，公司那边打来了一通电话，询问我是否可以在这首歌的MV中当男主角。这算是我第一次演戏，内心还是有点期待的，觉得非常有趣。

关于这些经历，我只想说这些年自己在为别人写歌方面做得非

常多，因为运气不错，很多唱片公司非常看重我，积极地向我发出邀约，我每一次都认真对待。我觉得创作人就应该这样，别的公司向你邀歌，你一定要把这当成一件很重要的事去完成，就像创作自己的专辑那样。

7.我记得您好像发过和周董（周杰伦的绰号）的合照，可以简单聊一聊您和他的一些互动，包括他对您的影响吗？

阿沁：如果说日本动漫是我音乐的启蒙，那流行音乐作曲对我影响最大的，也是让我立志学好钢琴的，应该就是周杰伦。我记得大概是2000年，周杰伦发行专辑，当时我上大学一年级，印象非常深刻。当时我们班上有一个同学正在听周杰伦的CD，听得非常入迷。我就问他在听什么，他回答说最近有一个新的创作歌手，他觉

得对方的音乐水平很高。我非常好奇，听了几分钟就彻底入迷了。我记得那首歌是《黑色幽默》，真的很好听，那张专辑中的好多歌都称得上是“神作”了。我后来也买了那张专辑，觉得真的很棒，尤其是看到周杰伦弹钢琴的画面，觉得太帅气了，用钢琴创作真的非常神奇，我一定要搞懂。

从那时起，我开始外出打工，存好了钱就去报名学习古典钢琴。

那段经历我印象深刻，我记得柜台里那个负责报名的老师特别交代了一句：“你现在20岁，学习钢琴真的是有点晚了，所以你要做好心理准备，毕竟手指肯定变僵硬了，学不好不要怪我们。”我当时就跟他说：“没关系，我现在20岁，再过10年才30岁，我认真学上4年，应该也可以弹一些曲子的。”这个学钢琴的励志小故事，我常常分享给现在跟我学作曲的学生，万事不嫌晚，只要有心，谁都可以去拥抱音乐。

8.那您跟周杰伦见面的时候和他交流过吗？您受他影响了吗？

阿沁：有一次我去香港参加颁奖典礼，当时他的《七里香》入选十大金曲的奖项，我们的歌也成功入选十大金曲。

当时我坐在他前面，突然之间，他主动伸手拍拍我的肩膀说："你写的Lydia很不错啊。"听到这句话，我还没有反应过来，没有想到自己会得到偶像的认可，要知道，我当初开始学钢琴，并用钢

琴来写歌，就是因为受到了周杰伦的影响。

在我的创作过程中，抒情歌曲一直都受到周杰伦歌曲的影响。对我影响最大的，第一个是久石让，第二个一定是周杰伦。我小时候非常喜欢画画，后来又接触了漫画，因此对宫崎骏产生了兴趣，而负责给宫崎骏的动漫配乐的就是久石让。

另外还有一个偶像，就是我小时候非常喜欢的歌手伍思凯。伍思凯和周杰伦两个人，我平时有很多机会可以碰到，大家见面时，我毫不掩饰对他们的崇拜之情。久石让一直无缘得见，有机会的话，我会去日本拜访他。

9.林俊杰翻唱的《我们的爱》在网上非常火，他跟您有过合作吗？

阿沁：我和林俊杰很早就认识了，因为他在2003年和2004年连续发行了两张专辑，我们经常有机会碰面。大家经常会一起看电影，林俊杰喜欢打游戏，我很少打游戏，但会跟着他们一起去看电影。

我还记得我和林俊杰，还有其他几个歌手曾一起合办过那种

比较小型的歌友会，会场只能容纳一两百位粉丝，大多是我和林俊杰的粉丝。在歌友会上，我们合唱了《记得爱》这首歌，他是一个很聪明的人，学歌非常快，一两天时间就学会了这首歌，演唱的时候，音准、音感非常好，学习的能力很强。我私下和他开玩笑说：“《记得爱》这首歌唱完，感觉比较像你的歌曲了。”

10.有从林俊杰身上学到什么吗？

阿沁：我们曾一起在彩排室练习，我也去过他在台北和平东路的家，那里是他的作曲工作室。我发现他对歌唱、写歌有很高的要求，他要确定每一个音的具体唱法，而且一个都不能错。在圈内多年，我很少见到对音乐这么苛刻的音乐人，对于细节，他抠得非常细致，会反复和你讨论、打磨现场的唱法、和声转音位置，直到歌曲臻于完美。他的工作态度令我敬佩，这是我从他身上学到的最有价值的东西。

11.我们聊一聊您为同门师弟萧敬腾写的歌《原谅我》吧。

阿沁：他是参加选秀节目出来的，一出道就夹带了非常大的关注度，听说他要发专辑，我就帮他写歌，因为我们都是华纳唱片公司的签约歌手，他相当于是我的师弟。当时公司的总经理找到我，强调萧敬腾的抒情主打歌一定要由我来写，他觉得我的创作风格非常适合萧敬腾，偏大气，而且渲染力足够。

正因为如此，我就帮萧敬腾量身打造了《原谅我》这首歌，这首歌的演唱难度非常高，从最低音到高音的转变难度非常高，是一首需要演唱功底的歌曲。我们在创作歌曲时，会针对歌手的特性去创作，有的是偏走心的，有的则属于用来展现演唱功力的。这首歌既要走心，又要展现萧敬腾的硬实力唱功。我在创作时就刻意让他充分发挥和释放演唱能力。当歌曲被创作出来之后，公司高层开会进行讨论和分析，结果一致认为这首歌很出色，连歌词都不需要修改。

就我个人来说，还是希望走心一点，就连自己举办的音乐会，我也希望可以做到故事性强一点、走心一点。场地不用很大，一个能让观众、粉丝和我有很好的互动的场地，就是最棒的。

在规划演唱会场景的时候，我更希望去一个比较特殊的地方，比如户外，或者很有味道的老书店，我对这些场所很有兴趣。森林、海边之类的地方，客观条件也很不错，但最好不用遭受风吹日晒雨淋。我更喜欢营造一种氛围感，因此我一直都在设想明年要做的音乐会最好也做成这样子，就像在书店里一样。我觉得书店里的灯光是最好的，非常适合开演唱会使用。

12.给别人写歌，会不会有什么失误？比如对方觉得不合适，直接弃用了。发生这样的事情后，您的心态怎样？

阿沁：我给很多艺人写过量身定制的歌曲，有一些歌曲后来由于种种因素没有用上，当时我觉得非常可惜，可是过了一段时间，突然发现这首歌竟然被另外一个歌手唱了，而且唱完之后我觉得这首歌更适合他唱，歌曲的热度也更高。这件事给了我一个启发，就是自己写的每首歌不一定都会被对方接纳。但无论给谁写歌，都一

定要用心去写，只要用心做出好的作品，那么肯定会找到真正适合它的演唱者。

关于歌曲匹配度的问题是存在的。比如，有的歌手虽然写出了不错的歌曲，但自己缺乏足够的资源来运作，歌曲可能难以推出；即便能推出，也因为宣传力度不够而难以被大家发现。而其他人或许拥有更丰富的资源、更多的渠道、更出色的宣传策略，他们能更好地发掘出歌曲的商业价值。此时，与其把歌曲留在自己这里埋没掉，还不如让别人将它推向市场，让更多的人见识到歌曲本身的创作水准和魅力。

在很多综艺节目中，我们经常可以看到选手翻唱其他歌手的歌曲，结果原本默默无闻的歌曲被翻唱者唱火，这对于创作者本人来说，反而是一件好事。这就是匹配度的问题。在帮别人创作歌曲的时候，最重要的还是要用心，只要用心，歌曲的魅力迟早会被人发现。

13.您会经常和自己的艺人朋友聊一些创作上的内容吗？

阿沁：我这个人比较特别，平常不太喜欢社交，大部分时间都是一个人宅在家里。说实话，我的艺人朋友并不多。在更年轻一些的时候，会有很多人约我去KTV唱歌，但我本人对这一类娱乐活动没什么兴趣。因为一同去KTV的朋友中有很多都是同行，甚至算得上是难兄难弟，在创作上陷入了困境，就会打电话找人一起研究，可能对方就会给你一些好的点子和灵感。

可是我不太认同这种社交模式。我觉得创作本身就是孤独的，它不应该依赖社交来解决问题。相反地，创作者应该保持安静。这并不是说创作者不需要与他人进行交流合作，毕竟合作是推动创作的一种有效方法，唱片公司也会让你找人合作。

我的意思是，创作者更多时候应该做一些更深刻的沉淀，要在一个安静的环境和状态下深入思考。一个人去旅行也好，放空自己也好，必须给自己创造这样的环境。我就是这样，平时不需要太多的时间用于创作，但一定需要很多私人空间，我可以一个人思考和放空自己，没事坐在咖啡厅里发呆也是可以的。有时候我也会选择出国三四天去散心。

在这个放空自己的过程中，我往往可以获得很多的灵感，也许有的人不太明白这一点，但从本质上来说，我是一个喜欢安静和孤独的艺术工作者。

14.您一共给别人写过多少首歌？和多少艺人合作过？

阿沁：好像有歌迷帮我统计过，500多首是一定有的，这都是粉丝帮我在网上做的记录。合作过的艺人应该有很多了，包括张韶涵、袁娅维、单依纯、张杰、萧敬腾、黄绮珊、S.H.E、谢霆锋、许佳琪、梁咏琪、程潇、孙燕姿、霍建华、杨千嬅、刘宇珊、曾之乔、郭采洁、AKB48、李玖哲、钟汉良、古巨基、大无限乐团（Do As Infinity）、炎亚纶、张信哲等人。

我随口就可以说出很多歌曲：《夏天的微笑》《偏见》《分开的意思》《遗失的美好》《更好》《亲爱的朋友》《我们之间的距离》《你的爱》《勇者之歌》《爱情旅程》《其实很爱你》《我对天空说》《不由自主》《我不会唱歌》《一个人的美术馆》《爱情定格》《伸出手》《妥协》《死结》《原谅我》《冬末之恋》《习惯就好》《一百万种亲吻》《没说出的再见》《万花瞳》《疯狂很疯狂》《好想对他说》《纪念日》《给天天》以及*Love Story*、*Beautiful Love*……还有很多很多，有的我自己也记不清了，这些歌曲有的很有名，有的可能比较小众，很多人都没有听过。但无论是哪首歌，我都会很用心地去写。未来，如果有人向我邀歌，我还是会义不容辞地帮他们创作出好听的歌曲。

PASSAGE 4

第四篇

畅聊创作心得

1.您怎么看待现在乐坛的歌普遍没有以前好听了这个现象？

阿沁：我觉得有一个原因是很重要的，那就是所处的时代已经不一样了，大家越来越急躁。以前我们做一张专辑可以花三年时间，一首歌可以写一两个月，而现在大家追求的都是快速获得成功。比如，某个人刚开始玩音乐，他心里想的可能就是如何让乐队快速获得成功，他会写两三首歌，然后迫不及待地在各种平台上发布出去，这种快餐文化推动音乐创作进入了一个所谓短平快的时代。

我们以前做歌曲，都要先构思一个好的故事，要弄清楚什么样的旋律比较好听。可能有些人会觉得，旋律不都是差不多的吗？只要有一个大概的旋律，就可以进入录音室唱，唱了几遍，歌手觉得差不多了，就用后期软件修一修，对于歌曲的质量不会有太高的要求。现在有不少新的制作都是采用这种模式，尤其是一些年轻歌手，由于过度依赖后期软件，整体的录音效果会比较粗糙。

以前，我们创作歌曲的时候是很细致的，因为我们当初录音的时候还没有现在这些常用的修音软件，技术上的匮乏使得我们必须唱好每一个词，每一个音调都要唱到完美为止。现在的修音软件或许能把音修得很准，比早期的歌曲还要准。

以前没有出色的化妆技术、整形技术。那个时候，人们想要变得更加漂亮，就要保持好身材，让自己瘦下去。单纯的拍照没有办法修饰自己的容貌。这就是以前的帅哥、美女非常耐看的原因。唱歌也是一样。以前的音乐做得很精致，歌手也都非常厉害，为什么呢？因为这些音乐人和歌手要用很长的时间锻炼出真功夫。

我们当年做一首歌往往要做两三个版本，甚至三四个版本，做好了还要一直修改。那些制作和修改过程，别人根本看不到，但不可否认的是，最后出来的每一首都非常经典。

飞儿乐团的第四张专辑里有一首歌叫《需要你的爱》，是詹雯婷和信合唱的一首歌。一开始这首歌是打算卖给杨宗纬，让他一个人唱的，而且我都已经写好了。但是后来，被唱片公司听到，立刻拦下来，觉得这首歌卖掉太可惜，就邀请信来唱。考虑到歌曲的适配度，我只能对歌曲进行修改，然后在副歌的地方改了三四句旋律。但是在录音棚录歌的时候，我们总感觉整首歌根本表现不出信的高音，所以现场即兴修改，又修改了几个音，这才形成了大家喜欢的这个版本。

2.有很多艺术家在很穷的时候写出了很好的作品，后面渐渐地就江郎才尽了。好多音乐人前期的作品都很棒，之后的作品就变得一般了，也不知道是大家的期待变高了，还是他写不出来了。您怎么看待这件事？

阿沁：应该说创作就是在反思当下自己的状态。很多音乐人年轻的时候可能相对贫穷，他们在创作的时候会不自觉地反映出一些自己郁郁不得志的生活状态和心态。

不过，在我看来，人们的创作心态和模式还是有所不同的。

我小时候学画画，对很多画家都做过一些研究。比如，毕加索就是一个很特别的画家，他毕生画了两万幅画。两万幅意味着什么？意味着他每天都在画画，而且有的时候一天不止画一幅。

举上面这个例子，我想要表达的是什么呢？就是说创作者分为很多种，有一些人在早期很贫困的时候能够创作出很好的作品，可是当他的物质生活得到改善以后，他有了其他的嗜好，就放弃了创作的初衷，这是个人选择，毕竟每个人有不同的路要走。就我个人而言，更欣赏毕加索这样的创作者，他是真的画到人生的最后一秒，画到自己不能动为止。毕加索是真的热爱创作这份工作。

另外一个知名的创作者就是久石让。我读过他写的自传，受到了很大的启发。在很多方面，我觉得自己和久石让有些相似，他是坚持每天早上起来写歌的人，我也一样，每天的创作都非常有规律。我觉得这就像公务员上班一样，久石让每天都会在工作室里上班搞创作，晚上才回家，日复一日，从来不曾改变。无论他有没有灵感，都始终在督促自己持续创作。

3.您有没有一些很特殊的习惯，比如让自己刻意保持某种状态，为的是写出好作品？

阿沁：也没有什么刻意的习惯，但我会要求自己保持心情平稳。在我看来，一个人写歌的时候，是在与这个世界以某种频率保持连接，这个时候不能有太多的杂念；当杂念出现的时候，就会产生杂质，而在这样的状态下，个人是写不出什么好作品的。歌手也是一样。当他们站在舞台上表演的时候，一旦想别的事情，很容易就会被台下的观众看穿。

我在创作歌曲的时候，经常会做一些祷告，这样做是为了让自己的内心进入一个更加平稳的状态。在我看来，这样做是很重要的。

4.我知道您做过几次创作挑战，都是一天写一首，连续写90天或101天，可以谈一下这件事情吗？

阿沁：第一次挑战是在2017年的时候，当时我在音乐创作上遇到了一些卡点，每个人的创作灵感在各个时期都不一样，而那时恰好是我创作的低谷期，写歌写了15年，突然写不出任何东西，真正遇到了瓶颈。

还有一点，那个时候，我开始思考家庭生活了。我当时已经结婚了，组建了家庭，也有了自己的孩子。家庭生活比较幸福，对创作心态就会有一些影响，何况那时我也是奔40岁的人了，于是产生了怀疑：做音乐是不是年轻人才应该去做的事情？毕竟年轻人有动力，有冲劲。

当时我一直在证明自己有能力继续做好音乐，但做的基本上都不是创作型的工作。比如，自己开办了培训公司，开办了音乐学校，继续经营飞儿乐团，还成了丈夫和父亲；每天都在各种身份中穿梭，忙忙碌碌。我开始沉下心来反思：在音乐创作这件事上，自己究竟还有没有当年那个冲劲？

在那之后，我就想是不是应该挑战一下自己，坚持每天写一首歌，突破自己的创作极限？当时我的规划是坚持连续创作90天，只要做到了，就证明创作是可以持续下去的。

这就像跑步一样，平时并没有什么问题，但是如果让我去挑战戈壁长跑，那情况就完全不一样了。我需要挑战自己的创作耐力和创意极限。最重要的是，我不能每天都写一样的作品，每一个作品的风格都要有所变化。从决定接受挑战那天开始，我就在社群里发布了公告，让更多的人来监督我是不是能够做到每天都创作一首歌，坚持90天。

Epiphone

我看起来信心满满，但事实上到了第三天，我就想要放弃了。因为工作量非常大，我早上起来要写歌，下午开始录歌和编曲，晚上则要拍摄一个视频作为歌曲的MV使用，还要给MV配上字幕。这样一来，基本上每天除了睡觉，一直在忙着创作。高强度的工作让我感到崩溃，到了第三天，自己差不多要累垮了。

第三天，我突然写不出任何东西来了。听上去有点奇怪，要知道我第一天写了一首轻快的歌，第二天写了一首情歌，第三天灵感就枯竭了。

我陷入了苦恼和纠结，但就在那一天，我从电视上看到了一个新闻，自己一直欣赏的一位做航拍工作的电影导演当天去世了，我当时的心情沮丧到了极点。但更重要的是，我突然从新闻中找到了更多关于人生价值的话题，我想到一个问题：如果自己哪一天突然离开了人世，有没有什么遗憾呢？有没有一些歌还没来得及写下来？

想到这些问题，我受到了很大的启发，晚上就有感而发，静下心来创作了一首歌叫《爱上属于你的天空》，我还特意在MV中配上了那位导演的一些电影画面。这首歌发布出去之后，我是第一个被感动的人。突然之间，我就感受到了人生的那个点，意识到创作的目的并不是真的要写完90天，而是要明白，如果自己的生命只剩下最后一天，所做的事情一定要和自己最喜欢的音乐有关，并用音乐写下自己一直想说的那些话。

也正是因为如此，我突然发现自己还有很多话要说，包括人生的喜怒哀乐、生活中的点点滴滴，以及个人的过去、现在和未来，还有对孩子要说的话，对孩子的期待，对家庭要说的话，以及自己的梦想和价值观。我豁然开朗，发现挑战90天创作已经不是什么难题了。

2017年对我来说非常重要，这一年我养成了持续创作的好习惯，也意识到了创作对自己人生的价值究竟有多大。

就音乐创作本身而言，这样的创作时长非常罕见，粉丝们也认为这是一次史无前例的创作活动，至少国内音乐圈里还没有哪个音乐人可以连续90天写90首歌。如果说某个音乐人一辈子写了90首歌，或者一辈子发行了9张专辑，这还差不多。后来唱片公司问我要不要发专辑，我觉得这件事很有意义，于是从90首歌里进行挑选。当然，我采用的是投票的方式，让粉丝们投票选择他们最喜欢的几首歌曲。最后在大家的努力下挑选了10首歌，制作成一张专辑，专辑的名字叫作《毕加索的谎言》。

2024年，我决定挑战“创作马拉松101首”。今年预计完成101首作品，并且这次还是让全民跟我一起写歌，就是我完成副歌的旋律，大家可以自由地填写喜欢的歌词，或者随性加一段主歌，这样可以增强创作的趣味性和意义。我希望与粉丝或音乐爱好者进行多元化的互动，以新的面貌面对音乐。

5.我记得有人说您像鸭子，您觉得自己最像什么动物呢？

阿沁：我没有想过自己最像什么动物，但“鸭子”的称号是陈建宁老师给我起的。2013年，在我的新书《Be Stronger阿沁概念音乐辑》的签售会上，陈建宁老师说我就像一只鸭子，非常喜欢划水。为什么是鸭子呢？陈建宁老师给出的解释是：鸭子在水面上游泳看起来非常轻松，但实际上水面下的两只脚需要不停地划水，这样才能推动自己往前游动；如果停下来，鸭子就会停滞不前。

这样的解释，我还是比较喜欢的。很多人只看到了我们这些歌手表面的风光，甚至不少人觉得我在舞台上很轻松，但他们从来没有想过，我们获得的所有成就，都是私底下数十年如一日的努力奋斗换来的。如果没有平时坚持不懈的努力和执着的付出，我们也不可能在创作领域拥有这些成就。

其实，创作者也好，歌手也罢，最重要的是热爱自己的工作，这样才能做一只好鸭子。我一直都记得李宗盛大哥说过的一段话：“每个人做自我推荐的时候都声称自己热爱音乐，其实他们是热爱这个行业、热爱当明星。我身边有很多曾经成名的人发现自己不红了之后就不再唱了。我当年考音乐学院的时候甚至把五线谱看成豆芽菜，后来慢慢才学会识谱，并且做到了今天。爱音乐和当歌星是两回事，真正的热爱是一辈子都不放弃，不管能否成功。”我也渴望像他一样，一辈子热爱创作这件事。

6.能聊一聊《毕加索的谎言》这张专辑吗?

阿沁：这张专辑是我在2017年推出的，也是我个人的第二张专辑，因为我非常喜欢毕加索这位西班牙画家，特别崇拜他。我在创作这张专辑的时候，实际上处于成长转型期。当时我对生活有了更多的理解和更深的感悟。我在其他地方也谈过创作这张专辑的动机，我并没有刻意选择这个时间点来做这件事，纯粹是出于某种直觉的引导。人活到了这个年纪，有些话、有些心情、有些体会，就想要说出来，然后通过音乐和文字，分享给大家。

7.如果我没有记错的话，您的第一张个人专辑叫《凡·高的左耳》，说的就是大画家凡·高。您似乎对画家情有独钟？

阿沁：是的，我一直喜欢那些世界级的大画家，不仅是因为他们具有出色的创作力和才华，更是因为他们的精神力量和生命力，对人的触动往往非常大。如果您注意观察就会发现，凡·高拥有非常感性的灵魂和一双敏锐的眼睛，他对世界、对生活有着最深刻的体验。我在绘画时喜欢看他的作品，里面充满了印象派的浪漫主义情结。很多人认为他是疯子，是一个癫狂的人，在创作上，他的确有类似的特质。他的为人，基本上展示出了狂热、抒情、颓废的气质。在绘画中，他一直擅长用旋转的、粗犷有力的线条，热烈而大胆的色彩，来表现个人复杂而强烈的感情。

之所以选择《凡·高的左耳》这个名字，是因为这个名字涉及一个悲伤的故事，凡·高失去了一部分左耳，这样的缺失对应了他悲惨而满怀缺憾的一生。关于他左耳的故事，有两个版本。

一说是1888年，凡·高来到南法阿尔勒定居。由于为人孤僻，他基本上没有什么朋友，只能和妓院里一个名叫拉舍尔的妓女相好。拉舍尔总是抱怨凡·高不经常来看她，但凡·高告诉对方自己根本没钱支付嫖资。这句话惹来了拉舍尔的一顿嘲讽：“你可以割下你可爱的耳朵送给我啊！”正是这句话，让精神失常的凡·高在不久之后割下了自己的一部分左耳。

另一说是1888年年底，和凡·高住在一起的画家高更，因为觉得两个人在一起很不愉快，就提着行李要离开，凡·高苦苦挽留，最终和高更发生了激烈争吵。不知什么原因，高更拔出佩剑刺向凡·高，将凡·高的左耳割掉了一部分。为了不让高更受到法律的制裁，也为了挽回这段友情，凡·高对外宣称是自己割掉了自己的一部分左耳。也有人认为是高更的执意离开刺激到了凡·高，情绪激动的凡·高几近崩溃，为了制止内心愈演愈烈的疯狂想法，他狠心用剃须刀片割下了自己的一部分左耳，以此来唤醒自己。

无论如何，凡·高的左耳有了残缺，但这不过是给他潦倒的人生增加了一些凄苦而已。事实上，像他这样的人，在爱情、事业、身体、精神的多重摧残下，早就无法构建起一个健全的形象了。这样一个卑微到尘埃里的人，根本不会引起任何人的怜悯。可就是在这种极度悲催的状态下，他爆发的艺术能量几乎让同时代的其他画家都黯然失色，尽管他在世的时候，根本无法从任何人那里获得一丝成功的喜悦。

我非常同情凡·高，也无比敬佩他，以凡·高的左耳为创作主题，可能迎合了我当时的心境。我觉得，一个创作者无论遭遇了什么挫折和磨难，都不应该自暴自弃。创作者应该是纯粹的、执着的，应该活在创作的那一刻。

说起这张专辑，其实很多歌曲很早就被创作出来了。比如，我在为飞儿乐团创作《飞行部落》这张专辑时，曾经一口气创作了七八十首歌。其中有很多歌虽然没有进入专辑，但同样很有味道，如果直接丢弃就太浪费了，卖给其他歌手也很可惜。那个时候，陈建宁老师提出了一个建议："你还不如自己唱那些歌曲呢！"他的一席话点燃了我内心的一团火，于是我最终选择将这些歌放在《凡·高的左耳》中。

8.您谈到了创作的心境，似乎您当时遇到了一些瓶颈？

阿沁：是的，《凡·高的左耳》这张专辑是2007年3月16日发行的。那个时候，我的创作进入了人生的第一个高峰，自从2004年推出第一张专辑以后，飞儿乐团一跃成为国内最受欢迎的乐团之一。我们的唱片质量和销量都是首屈一指的，就像您说的出道即巅峰，但这也给我们带来了一些困扰。因为起点太高，无形中抬高了歌迷的审美标准和期望值，当时大家都在翘首以盼飞儿乐团接下来会推出怎样的“神作”，这给了我们很大的压力。尽管我们在之后的专辑上投入了很大的精力，但歌迷们可能产生了审美疲劳，觉得之后的专辑没有第一张专辑那样出色，各种批评的声音袭来，专辑销量也不那么理想。

我的压力也很大，因为当时90%的创作必须由我提供，我首次感受到所谓的创作瓶颈。当时唱片公司高层的想法是，不如让阿沁趁着空档期出一张专辑，自己制作和发行唱片，这样能让歌迷产生不同的新鲜感，乐团也有时间去琢磨新的曲风和方向。有了个人专辑的初次体验后，后续我的确写出了更多适合乐团风格的作品。

之后，我开始在乐手、作曲家、制作人、唱作人等不同身份间

切换，期待自己能以更多不同于音乐人的身份得到别人的认识和认可。当然，我也听到了一些闲言碎语，如“阿沁不是创作和编曲的吗？唱歌大概不行吧”。结果不少人对我刮目相看，觉得阿沁唱歌还不错。

当时关于我要单飞的各种谣言满天飞，媒体抓住阿沁出专辑这件事不放，说我想要单飞，想要从飞儿乐团中独立出去，或者添油加醋地抹黑飞儿乐团。那时还没有很流行团体的“单飞不解散”操作，不像现在国内、韩国、日本，常常有组合组成子团或创作独立作品的市场操作。“阿沁单飞”在当时算是一个很新鲜、大胆的尝试，某种程度上也体现了唱片公司很敢于冒险。

9.您觉得《凡·高的左耳》和《毕加索的谎言》有什么不同之处吗？您在创作时有什么不同的感受吗？

阿沁：一个是2007年的作品，另一个是2017年的作品，两者相差10年，而这10年恰恰是我成长的重要阶段。在发行《凡·高的左耳》时，我或多或少地产生了寻求艺术独立的想法，尤其是关于个人艺术突破和人生突破的想法越来越强烈。我很认同凡·高那种“历经千辛万苦，度过重重劫难，直至创造美丽人生”的境界。我在专辑中总结了过去的人生经历，表达了对未来的美好期待，这与当时我的处境有关，也和凡·高的理念相似。

到了2017年的《毕加索的谎言》，我已经进入了人生的另一个阶段。当时的飞儿乐团，詹雯婷因工作合约问题，已经与唱片公司有不少矛盾，已鲜少参与团队活动和工作，我们已经三四年没有发行一首单曲。三人各自忙碌个人的事业，而我已结婚生子，选择家庭生活。个人的生活发生了巨大的变化，事业、梦想、爱情、家庭、孩子等让我多了一份淡然，对生活的思考更加成熟，开始寻求用音乐来记录生活、分享生活。我觉得这是我的一种创新，毕加索不也是穷极一生都在搞创新吗?

我觉得人这一辈子不能给自己设限，而是应该试图去创造音乐上的各种可能性。创作者需要不断推翻、重建、毁坏、再创造，而这就是我发行这张唱片的核心概念。经过10年的沉淀，我有了更成熟的思想体系。如果您仔细观察就会发现，在这张专辑中，我运用了很多古典音乐，还打造了影像故事式的编曲和音效，并通过这些尝试，努力去重建音乐上超写实和立体派不和谐对称的设计，这是我理想中的音乐世界，一个不被世俗左右的世界。

如果说以前的创作更多的是强调对人生苦难的超越，现在的我更注重对生活中美好的挖掘。人生本来就不完美，这就是生活的本来面貌，我们要做的是认识世界，了解、体验并珍惜当前的生活。

有人或许会觉得我的音乐作品有点理想化了，但这样的理想国构建，不正好可以帮助我们去珍惜现在的生活吗？

毕加索说过一句名言：“艺术是个谎言，但却是一个说真话的谎言。”艺术本身就不是真正的生活，但它可以帮助我们认识最真实的生活是什么样子的，这就是我创作《毕加索的谎言》的一个重要感悟。

10.放缓脚步后，飞儿乐团似乎很少有新作品面世了。陈建宁老师接受采访时提到了一个观点：写歌不能成为负担，否则还不如放慢脚步，创作出让自己满意的作品。对此，您怎么看？

阿沁：事实就是这样，每个音乐人都想做出好的音乐作品，但正如陈建宁老师说的那样，一个乐队也有自己的灵感枯竭期，这是正常的，我们一直在正视这个问题。最近几年，大家的确减少了产量，转而想办法提升作品的质量，希望可以推出自己满意也让歌迷满意的作品。创作是对生活的体验和感悟，而这种体验本身也需要不断打磨和提炼，现在有很多音乐人太急功近利了，这样反而会影响作品的质量。

很多人可能没有意识到这一点，认为好多年不发行新曲子就会被市场遗忘。但从音乐流行度的角度来看，好的作品肯定更具影响力。一首流行歌曲的价值，通常是按照具体的级数来判定的。如果是一首S级的金曲，在综艺节目中被人翻唱一次，授权金少则15万，多则30万。以《我们的爱》为例，从2004年到现在，这首歌已经被人翻唱了无数次，而每次翻唱都会给版权公司带来几十万元的收益。

再看看那些没有达到S级的歌曲，翻唱带来的收益就会相差很多。一方面是因为歌曲不够出名而鲜有人翻唱，另一方面，因为歌曲级别不高，所以在综艺节目上单次翻唱的收益很低，有的歌曲可能翻唱一次只有几百元的授权金。

我记得前两年，南拳妈妈（周杰伦捧红的组合）中的弹头（成员名字）在网络上分享过这样的事情，他一共为周杰伦写过5首词，分别是《瓦解》《枫》《搁浅》《退后》《不爱我就拉倒》。弹头表示自己仅仅依靠这五首歌，每年就有百万的收益。相比之下，那些经典歌曲每年带来的收入可能达到百万元甚至千万元级别。国际上有

一个著名的皇后乐队，他们的名曲《波西米亚狂想曲》——不知道您听过没有——那首歌被人翻唱一次的授权金竟然高达600万元。

大家都说艺术是无法用金钱来衡量的，但很多时候，市场恰恰会给予作品最公允的定价。好歌曲的经济价值更高，这是不争的事实。所以创作一首高水准的歌曲，本身就可以做到名利双收。

对于现在的年轻人，我一贯的做法是劝他们一定要沉住气，尽可能花费时间打造优秀的作品。我曾多次说过这样的话："宁可花一个月时间打造一首S级作品，也不要花一天时间写100首B、C、D级的作品。"这不仅是对艺术创作负责，也是对自己的收入负责。

11.做艺术的人谈钱，好像有点不太好意思。您本人没这个卡点吗？

阿沁：我觉得应该不是不好意思，我的理解是这样的：当我们碰到音乐的行销工作时，需要让更加专业的人做这些事。我自己通常也是这样。我的作品从来都不是自己销售的，也不是自己定价的，一切都委托给唱片公司。总的来说，在流行音乐领域，存在一个规范的商业市场，音乐人按照商业市场的逻辑去做事即可。早期的时候，可能有很多音乐人并不重视这个逻辑，他们可能会自己制

定价格。

我觉得，做任何事情，都必须将其交给专业的人去做，因为我们可能并不具备专业人士的专业技能。艺人在创作作品的时候会涉及版权问题，艺人在处理与版权、肖像相关的法律问题时，肯定处于弱势，自己不容易搞懂，最好将其交给法律专业的人去做。就像想取得会计师资格，是需要通过相关考试的。同理，经纪人更懂得如何操作这些事情，艺人本身可能不太懂。

我希望花更多心思在创作上，不太想去经营公司。所以专业的版税、版权规划等问题，我都全权交给音乐公司去处理，这样我才能全心全意把作品打磨好。

12.可以聊一聊您自己在作词方面的一些故事和心得吗？

阿沁：我作词的作品也有一些，但是比较少。如果是自己写词的话，通常会将自己的心情写进去。我很喜欢的几首歌：飞儿乐团的《我们的爱》、萧敬腾的《原谅我》、飞儿乐团的《向日葵盛开的夏天》《你很爱他》，就是少数词曲都由我完成的作品。通常我的歌词风格很明显，因为大都是以白话文开场，而且带有柏拉图式悲情风格，情感直击、不拐弯是我喜欢的歌词表达方式。虽然很简单，但是情感很饱满浓郁。

“我们的爱，过了就不再回来，直到现在我还默默地等待。”

——《我们的爱》

“请原谅我，原谅我不成熟、不爱你是借口，好让你离开我。”

——《原谅我》

“其实你很爱他，对我的惩罚。”

——《你很爱他》

13.拜读您这本书的，必然有喜欢音乐，但不知如何开始或没有音乐基础的读者，您能给他们一点鼓励和指引吗？

阿沁：我现在就在做音乐教学。在我看来，创作者应该从简单的口语讲话入手。创作者必须先把自己想表达的文字写出来，然后想办法加上旋律。这其实是非常简单的一件事。在过去，人们想要学习创作，不得不花费几年时间学习钢琴和吉他，以弄清最基本的乐器操作方法。现在人们只需要一部手机就可以解决问题，当人们

有了灵感的时候，只要将想到的旋律哼唱出来，录制成音频就行。

对于那些音乐小白，平时可以找朋友一起合作。具体怎么合作呢？我现在正在推广一种叫“共创”的创作形式，就是几个人一起完成一个作品。当某人产生音乐灵感时，可以找一个懂音乐的朋友帮忙写下来，这是一个非常实用的方法。

如果实在没什么感觉，也可以找一些歌的伴奏来听，听完之后自己给伴奏重新填上歌词，这也是一个不错的练习方法。

PASSAGE 5

♪第五篇

飞儿乐团时代的终结与后续

1.2011年，飞儿乐团推出了第六张专辑《亚特兰提斯》，在内地各大城市举办了“万人签到行动”。我记得飞儿乐团在宁波宣传的时候，正值乐队成立7周年，很多热情的歌迷打出了标语“飞行部落七年不痒，永远和F.I.R.一起飞”。不知道您是否有印象？

阿沁：您说的标语，我没有认真关注过，不过那个时候的确有很多歌迷关心这个问题。

纵观华语乐坛，“长寿”的乐队并不多。歌迷都希望自己喜欢的团队可以一直走下去，永远不会解散。但现实有时候有一点残酷，很多事情不是我们能左右的，就像当初组建乐队一样，是很多因素共同作用的结果。对于詹雯婷的离开，其实也没有什么可说的，只能说大家都很遗憾。

实际上很多人并没有注意到一点，那个年代崛起的很多乐队现在都已经解散和消失了。比如，曾经爆红的小虎队，就因为陈志朋和吴奇隆服兵役而两度解散，目前也没有合体组队的可能；著名的女子乐团S.H.E组合，与老东家合约到期，不再续约，成员各自宣布自行组建经纪公司，再加上后来田赋甄加入新唱片公司，三人合体组队计划成了未知数；著名的飞轮海组合因为吴尊和其他成员合约陆续期满而解散；信乐团在成立5年之后，因为苏见信合约到期而解散；风靡整个亚洲的F4也在红了几年之后迅速解散。还有花儿乐队、东城卫、5566组合等，都曾红极一时，可当大家都对他们未来的发展非常看好时，他们却宣布解散。

在唱片市场的黄金时代，他们一度是流量的代名词、巅峰的存在，他们的专辑也曾有幸成为那个时代的标杆。但乐坛里的竞争比想象中的更加残酷，一代新人换旧人，这是常态。即便是顶尖的艺人，也难以真正做到长青，何况是乐队呢？他们遇到的问题会比单一的歌手更多，因为乐队往往更容易出现内耗。

我不知道有没有专业的机构调研过艺人在娱乐圈内生存的平均时间，我想肯定不会太长。我认识很多艺人，也有很多艺人朋友，很少有人可以火超过5年的，更多的艺人从来没有爆火过。有的艺人曾经是综艺节目的常驻嘉宾，有的曾发过畅销专辑，有的曾在影视剧中担任过男一号，但他们很快就从观众的视线中消失了。他们可能在便利店打工，可能在送外卖，可能在菜市场卖菜，可能在商场里担任导购，还有一些甚至成为打扫卫生的清洁工。这个行业并没有外界看起来那样光鲜，许多艺人的生存空间非常小，面对的压力却很大。

要知道市场永远都在追求新的东西，包括新的面孔、新的模式、新的方向。一旦他们被时代淘汰，是很难继续保持良好的发展态势的，尤其是当他们红过之后，内在的失衡往往会损耗掉他们最后一点前进的动力和信心。

作为一个艺人，我知道艺人最真实的生存状况，也了解做这一行需要付出多大的牺牲，一切并非舞台上呈现的那样。流行音乐的一个优势在于造星更加高效，一张专辑、一点包装和宣传，就可以将优秀的艺人推向华丽的舞台，但流行音乐的弊端在于其更迭速度太快了。

人们的审美总是跟着快速发展的形势在变化，一个歌手、一首歌、一种风格，可能只有几年的黄金时期，过了这个时间段，就会受到新文化和新风格的冲击。一代新人换旧人，这是流行文化领域几乎每天都在上演的套路。

在偶像风盛行的年代，对于多数歌手而言，音乐仍旧是一种吃青春饭的行业，它不可能公正地对待每一个艺人，其行业属性注定了有一大批人会在快速崛起的同时快速陨落。我从来都知道顺其自然，总有一天自己也会退下去，而且是悄无声息地退下去。尤其是人到中年，这种感觉越来越强烈，人们会被身边那些快速变化的环境和日益增加的新鲜事物给埋没掉，就像智能手机淘汰功能手机那样简单。我意识到自己必须正视这些问题，然后接受这样的挑战。

可以说，在华语乐坛，大部分乐队及歌手的生命周期并不长。但是值得庆幸的是，在有限的岁月中，我们的确写出了很多很棒的作品。作品是永恒的！音乐的故事，不会因乐队解散而消失，不管是Beyond、小虎队、F4，还是其他很多很棒的国外传奇乐队，他们的歌曲过去数十年依然被不断翻唱、传唱、改版，这就是音乐的魅力和力量。

2.有人说你们这个团队结构存在先天不足的问题，分开是迟早的。对此，您怎么看？

阿沁：我看过类似的报道，也不能说完全没有道理。很多人都不知道，2002年，陈建宁老师拉着詹雯婷和我一同组建了飞儿乐团，但飞儿乐团的老板是陈建宁，詹雯婷和我都是无限延伸音乐事业股份有限公司的员工。只不过作为一支乐队和一个音乐品牌，飞儿乐团有幸签约了华纳唱片公司。这里有一层关系需要弄清楚，从乐队的角度来说，我们是华纳唱片的签约者，当华纳唱片公司要求飞儿

乐团演出时，首先需要通知无限延伸音乐事业股份有限公司的老板陈建宁。

2023年，我和唱片公司的20年合约到期，与陈建宁老师已不存在合约关系。如果您问我们是否还有机会可以一起创作与演出？答案是肯定的。只要有合适的时机，飞儿乐团仍旧可以正常运行，我依然抱持乐观的看法。

3.在组建乐团的过程中，您似乎也遭受过很多指责。您就没有想过要为自己辩护吗?

阿沁：面对外界铺天盖地的指责和人身攻击时，我心里的确很不好受，毕竟谁都不喜欢这种来自外界的声讨。有人喜欢你，就会有人讨厌你。初创团体时，我们的成绩一飞冲天，就有人说我们靠的是在录音室里修音，作品可能是由其他幕后操盘手创作出来的，都不是我们写的等很多谣言。一个乐队的成功不可能是一个人造就的，一个乐队的失败也不可能是某一个人造成的。人们习惯将

问题简单化，譬如将错误归结为主唱唱功不好，或者我的作曲能力退化，抑或是归结到陈建宁老师身上。我认为这种种归咎都不太合理，很多解释都是马后炮。

陈建宁老师曾经发文说：“（我）非常难过音乐工作者的价值被贬得这么低。音乐世界里，不是只有站在前面演唱的主唱才有价值，旁边弹奏乐器的音乐人，幕后写歌、制作歌曲的老师……所有参与者都一样重要。”

关于创作问题或艺人的事业起伏问题，我觉得每个人都有高峰和低谷，不可能一直都处于最佳的状态。说句心里话，这些年我们都把自己最好的状态贡献给了飞儿乐团。我的好作品都给了飞儿乐团，陈健宁老师也是。我觉得成果是所有人一起努力的结果。在今后的日子里，我会继续努力，持续创作，制作好的音乐。荣耀只是表象，心中的信念不因外在而波动，这才是一个健康的心态。

4.当一个歌手或者一个乐队达到一定高度后，大家对它的期待值会越来越高，那个时候可能就会产生“没有进步就是一种退步”的想法。您有没有感受过类似的压力？

阿沁：2004年的时候，我觉得外界认为我们真正达到了一个很高的高度，但那个时候我个人还有更高的追求，期待着能够做出更好的音乐。2005年，飞儿乐团继续发力，将全部精力投注在新专辑《无限》上。为了制作出更完美的作品，我们一行人直接背起行囊，

带着所有录制好的母带，飞往英国伦敦做音乐。众所周知，伦敦是流行音乐的发源地，也是很多音乐人的梦想之地。

为了让唱片的音质更好，华纳唱片公司当时直接花重金租下了伦敦最有名的Sarm West录音室，并且请来世界排名顶级的伦敦爱乐乐团，专门为我们乐队的歌曲搭弦乐。那个时候专门负责笛声和混音制作的可都是业界大咖，这足以看出唱片公司的诚意与雄心。

但是，这张唱片之后刚好迎来华语唱片整体销量下滑时期，时代环境的变化可能占据了很大一部分原因。我记得从2006年开始，华语乐坛就快速变天了，彩铃与MP3的崛起，使得网络盗版日益猖獗，整个唱片行业快速进入寒冬，传统的唱片营销模式受到了严重的冲击。在这里，我可以举一个非常简单的例子：某人打算购买一张CD，而这张CD中可能只有一两首歌是经典的，也许一首都没有。也就是说，歌迷选择的余地并不大，花了那么多钱只能听一两首自己喜欢听的歌。而彩铃的诞生可以让歌迷只选择自己喜欢的歌曲，利用MP3也可以下载自己喜欢的歌曲。这样一来，歌迷对好音乐的需求一下子就得到了满足，因此CD的销量自然会遭受冲击。相关机构曾经做过一项调查，发现70%的唱片公司都开始赔本，这是一个非常不好的信号，飞儿乐团当时坚持做唱片的举动或许已经不符合当时的环境和市场需求了，某种程度上引发了严重的资金压力，这也使得几张专辑的制作受到了一定的影响。所以接下来的几年时间，专辑销量越来越不景气。

5.在那样的环境下，您真的没有焦虑过吗？万一自己哪一天不红了，您怎么看待自己的处境？

阿沁：严格来说，我不会焦虑自己红不红，但我承认唱片市场的不景气会带来一定的困扰，当时有很多人都来问我：“你还能不能再写出像《遗失的美好》《月牙湾》《我们的爱》这样的歌？”

面对这些问题，我没法给出任何答案。与此同时，我开始反问自己：难道我没有别的风格可以去创作了吗？

我认为一个创作者在人生的某个阶段，必须去面对这样的问题，要弄清楚自己能不能再做出不一样的音乐。

我其实是一个不那么容易满足的人，在音乐行业待了那么多年，不管是自己写的歌，还是自己演唱的歌，都获得了奖项，也拿到了行业内的最高荣誉，巡回演唱会也开过了。那么我还有什么可追求的，在创作上还有什么需要突破的呢？

带着这样的问题，我产生了“一个人外出旅行”的想法。我想去认识这世界上最厉害的音乐人和创作者，看看他们是怎样创作和生活的。

那时候，我首先选择去日本，因为日本对我的影响非常大，尤其是动漫作品。我特意拜访了一些设计师和音乐人，向他们请教究竟该怎样去做音乐。

这些拜访行动让我获得了很大的启发，我发现所有厉害的创意人和创作者都有自己的中心思想，只不过这些中心思想都不一样。有些人创作是因为尊敬音乐，有些人创作则是为了挑战自己；有些人拥有不服输的精神，有些人走上音乐道路则是为了谋生，大家的原因各不相同。

这次旅行让我受益匪浅，我觉得自己似乎已经找到了那份真正

的、核心的自信。

在那之后，我写了《Be Stronger阿沁概念音乐辑》这本书。我意识到音乐创作中最重要的并不是定义自己的作品要变成什么，而是持续地挖掘自己内心的东西。要持续输出，勇敢做回自己，当你的内心强大到足以应付外界环境的改变时，别人才会追寻你的脚步。

这就是我接下来要努力的方向和奋斗的目标，也是我接下来要重点去完成的事情。明确了这一点后，我的内心变得更加稳定了，自己终于可以安然前行。我觉得一个人一旦想通了这些事情，就不会对年龄的增长产生恐惧心理，不必担心自己会被新人淘汰掉。

6.面对外界的批评，您的态度是怎样的？如何长期面对高压的环境和工作？

阿沁：我觉得有人批评你或者给你一些建议和意见是好事，这样可以让你更好地了解自己，帮你找到新的突破点。不过，有很多批评其实并不客观，一些黑粉更是胡乱造谣，他们就是希望通过攻击你来满足私欲，赢得更多的关注。通常在这种情况下，我不太理会这些事。但是对于具有正面意义的批评，我会即刻反省和改变，因为这样会让我变得更好。

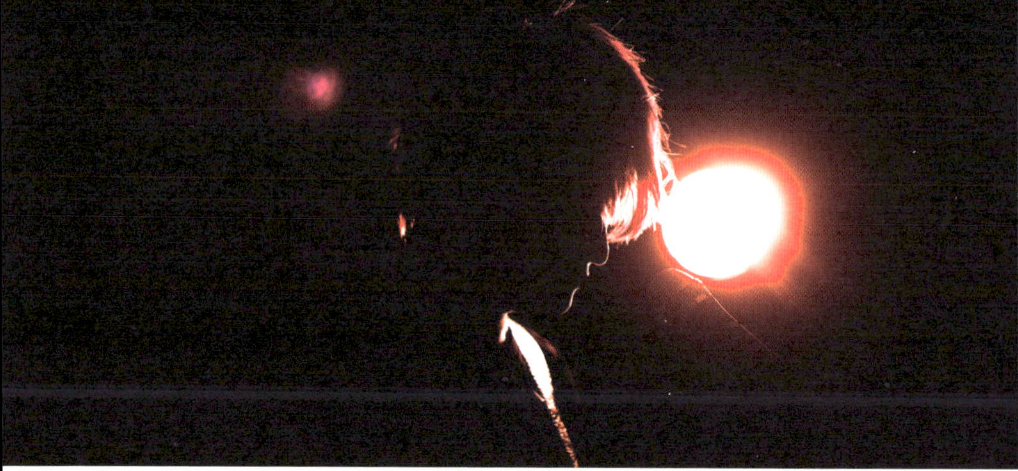

对于网络上的无端批评和造谣，朋友们都很生气，希望我站出来反击，但我显得很释然。多年来，我在面对那些不真实的舆论时，坚持的原则就是：那些不喜欢我的人根本不值得我去关注。坦然面对真实的自我，相信自己、大胆做自己，才是社群泛滥时代最好的盾牌。我一直鼓励年轻人，没有什么人生是最好的，每个人都可以有自己的信仰和人生哲学。

PASSAGE 6

第六篇

开启音乐教学事业

1.我知道您开展音乐培训、培养幕后音乐人有好长一段时间了。您为什么有这样的想法和行动呢？

阿沁：因为我的情况比较特别。在家里，我爸妈都是老师，我妈妈教英文，我爸爸教学生下围棋，他们的教学经历或多或少对我产生了一些影响。小时候，我白天在学校上课，晚上就会到我爸妈的工作室上英文课或者围棋课。在飞儿乐团发了专辑、实现一夜爆红之后，学校里的很多学弟学妹见到我就说："哇，原来学长这么会写歌。以前听说过，但是不知道你这么厉害！"然后，他们就表达了想跟我学创作的想法。我说自己不会教别人创作歌曲，只会写歌，没有任何教别人创作的经验。但他们非常虔诚地提出请求，我只能接受。

那个时候的我根本不会拒绝别人，于是直接安排学弟学妹到家里来上课，我就在客厅里教他们创作。其实那并不算真正意义上的系统教学，只是分享心得。每周三我让学弟学妹来家里聚会，分享彼此的音乐作品，我也会给他们提供一些建议。在客厅教学的习惯受到了我爸的影响。我爸以前会在家里教小朋友下围棋，大家在客厅里跑来跑去，很热闹。

这样的教学场景在潜移默化中影响了我的教学模式。这一点也很有趣，要知道在我很小的时候，妈妈就反对和嫌弃我接触音乐，她希望我当公务员端铁饭碗，但我还是非常叛逆地搞起了音乐。现在，我最终还是当上了音乐老师，这听起来很奇妙。

2.一个是舞台上的大明星，一个是默默无闻的幕后工作者，您是如何说服自己接受这种角色转变的？我觉得很多歌手或者艺人都有身份转换的障碍，您是如何看待这件事的？

阿沁：其他人我不好多做评价，对我来说，两者其实并没有太大的差别。在幕前的话，我只不过是一位音乐唱作人，我能做的就是在台上展示我的音乐，让更多人听到我的音乐作品，或者更直接一些，引起更多人的情感共鸣。音乐教学也差不多。只不过我

是将自己的音乐理念和创作方法传授给学生，加上自己的专业心得，这会让我产生成就感和满足感。无论是在台上唱歌，还是在幕后教学，都是我所热爱的工作，两者并没有所谓的贵贱之分和高下之别。

3.您从何时开始觉得音乐教学是您的志业？

阿沁：我以前就负责给别人讲课，后来自己又成立了音乐工作室——那时候还不是培训公司，严格来说，我正式成立培训学校是在2013年左右，之所以下定决心做这件事，主要原因是那时候日韩音乐发达，开始大举进入中国市场。很多年轻人熟悉的韩流Super Junior、少女时代，以及一些日本流行歌手，都是那个时候出现的。

经过接触，我发现一个问题：华语音乐的丰富度不够，或者说

音乐风格的变化比较少，而欧美或者韩国的音乐，有爵士乐、摇滚乐、电子音乐、抒情音乐、蓝调音乐等。华语音乐就比较单一，我觉得有点可惜，于是开始特意去比较和研究。我发现问题还是出在音乐教育上，如果有一个好的音乐教育体系，就能帮助学生更好、更全面地理解流行音乐，这是我创办音乐教育事业的初衷。但其实那个时候，我还有其他的发展计划——有朋友找到我，说服我投资做潮牌、做餐厅，他们觉得这些生意都很赚钱，而且那个年代的确有很多明星开类似的店，生意非常火爆。

这些计划看上去都很不错，但我没什么兴趣。这些生意也许真的可以赚到很多钱，但我没什么感觉，我觉得像父母那样弄一个教室，教别人一点东西就很不错。所以我下定决心做音乐教学，然后开始找教学场所。教学得有教材，我就自己编写音乐教材。那个时候，我每年还是会发专辑，因此有三四个月会比较忙。等到忙完了，就开一个教学班，招收喜欢音乐创作的年轻人，老实说，我做这个更多的是出于兴趣。

4.您刚刚谈到了韩国、欧美的一些流行团体，您觉得我们怎样做才能追赶上人家的脚步？我们需要丰富自己的音乐体系吗？

阿沁：这不仅仅是丰富音乐体系的问题，我发现韩国、欧美以及日本流行音乐文化的进步是全方位的。他们的音乐维度很广，而那些受欢迎的日韩歌手，不只是资本包装和运作的产物，他们自身也具备很高的音乐素养。那些歌手和乐队的音乐功底、舞蹈功力很深，属于偶像实力派。我曾专门花时间研究过Super Junior、Black

Pink等。韩国一个知名组合的子组合Super Junior-M（简称SJ-M）在2008年进军华语市场，进入华语市场后，这个组合很快俘获了歌迷的心，风头一时无两。现在的年轻人觉得他们的形象很好，都是大帅哥，但这个年轻的组合并不是单纯以颜值取胜，也不是以包装来赚取眼球。要知道，他们中的每一个人都曾在韩国接受过长时间的严格训练，早在练习生阶段，他们就已经接受了非常正统的音乐培训，无论是唱歌还是舞蹈，基本功都非常扎实。

Super Junior是韩国著名的SM（Star Museum）娱乐有限公司旗下的艺人组合，很多人或许不了解这家公司，也不知道它的造星模式。公司在选拔完练习生后，会根据他们的表现，确定他们将来的发展方向。而在策划组合出道的过程中，公司会以搭配的形式将具备不同特长的练习生组成一个组合，从而实现优势互补、资源优化。只要细心观察，就会发现在SJ-M这个组合中，东海、韩庚和Henry以舞蹈见长，圭贤、厉旭擅长唱歌，始源和周觅在外貌方面更具优势。扎实的功底、明确的分工、“4+3”的特殊组合（国内当时没有类似的组合），产生了很好的舞台效果。从某种意义上来说，这个组合一出现在华语市场上，就已经是一个非常完美的组合了，他们的实力并不比国内许多顶级乐队差。

5.您觉得现在的年轻歌手或者音乐人缺乏什么呢?

阿沁：国内有很多年轻歌手非常出色，发展潜力巨大，但从整体水平来看，国内年轻歌手的素养还没有达到一个很高的水平，很可能是训练系统的问题，也可能是因为没有很好的筛选机制。我接触过不少歌手，他们很有天分，但音乐知识技巧并不那么完善，很多歌手的乐理认知还是有一些欠缺的，比较难演唱多元风格的作品。不少人可能会想办法依靠颜值、关系上位，然后在资本的包装下出道，最终也只能作为一个音乐偶像来吸引流量，可实际上这样

的歌手对国内音乐的发展很难起到太大的推动作用。也有一些歌手具备一定的实力，但很多时候他们也只是依靠兴趣和天赋，或许从始至终都没有接受过任何培训，这就决定了他们在演唱技巧、舞台表现力、创作力方面有所欠缺。

我们在音乐人培训方面做得还很少，您看SM娱乐有限公司的创始人李秀满，早在20世纪80年代前往美国学习计算机工程时，他就已经构建了"韩国音乐全球化"的伟大梦想，而音乐全球化就要求各个方面都要保持高水准的状态，需要在各个方面做到与国际接轨。现任SM娱乐有限公司的首席执行官说过这样一段话："我们会告诉新人，他们正在代表我们的国家。即使你在奥运会代表队，也必须接受训练。如果他们想要成为世界上最好的偶像，就需要做很多工作。他们需要接受媒体培训，学习语言，以便与不同的受众交流。我们还会教他们如何培养良好的个性。”在如此严格的管理和培训下，韩国歌手或者艺人群体，他们的专业素养可以达到一个较高的水准。相比之下，国内的音乐教育出现了一些问题，特别是在流行音乐领域，大家都显得过于急躁，缺乏更长远的规划，以及保持长远发展的耐心。

所以我的看法就是，音乐风格的单一化、教育体系的问题和资本的过度包装，直接导致国内音乐人才出现了断层，阻碍了华语流行音乐的进步。

6.您能说一说开办演艺训练学院的事吗？

阿沁：2013年，我想着是否可以成立一个更专业的培训机构，以帮助那些希望走上音乐道路的年轻人，所以我就出资成立了“PlayGround”演艺训练学院。做这件事并不是偶然的，最重要的还是因为我在国外看到了国内外在音乐培训上的差距。

自2005年开始，我经常去国外进行音乐交流。在最初的几年时间里，我认识了很多知名的国际音乐人，包括日本的制作公司负责人和歌手。最近两年，我开始想办法去北美拓宽视野。我基本上每隔一段时间就会去美国纽约、洛杉矶或者加拿大看看，逛一逛当地知名的录音室，在当地著名的音乐学院参观和考察。我认识了不少制作人、公司老板，和很多流行音乐学院及演艺经纪公司的专业人士进行了深入交流，和其中一些人还有不少合作。之后我观察了整个大中华地区的流行音乐发展情况，觉得我们在培训方面能做的工作还有很多。

一个很简单的例子就是，韩国的音乐公司，英国、美国的音乐公司，甚至是马戏团，他们在培训新人的时候，公司或学校都会提供最专业的课程与训练。你想要成为艺人，就必须在公司或者学校里接受最专业的培训。

如果仔细观察就会发现，像Lady Gaga、Katy Perry（凯蒂·佩里）这样的顶流，其实都来自知名的音乐学院，或者上过专业的音乐课程，这样的情况在日本和韩国也是一样。

回到我上面讲过的问题，我觉得华人演艺圈还是有一些小问题的。比如，不少人的态度就没有那么端正，许多人抱有赌博心理，或者总想着自己可以在圈子里碰运气，但运气本身需要建立在实力的基础上。韩国和美国的艺人每天都在辛苦地练习歌唱和舞蹈，我们的新人和练习生在干什么呢？可能有一些人每天在上网冲浪、参加私人聚会、在夜店里夜夜笙歌，或者忙着谈恋爱。当然，并不是说问题都出在新人身上，演艺公司也存在很多问题。一些大公司只看重短期回报，不愿意花太多时间、精力和资金去栽培新人。一些学校也是一样。这就导致很多有梦想的年轻人无法得到正统的音乐教育，即便他们去演艺公司和学校，可能也学不到什么东西。

2014年春天，我与音乐学院的老师一起合作，打造了一个全新的架构和培训机制。当然，我知道自己所做的并不多，也许只是微乎其微，但即便如此，我还是希望自己可以为改善华语流行文化提供一点小小的助力，哪怕只有一点点贡献，那也很有价值。

7.您在教学过程中，一直都在强调不要单独看待流行音乐的发展问题。您能具体说一说是什么意思吗？

阿沁：您或许不知道，前年我在线上开办了一个音乐教学系统，主要是与各大音乐院校进行合作，在线上教授音乐院校的学生有关作曲和流行音乐的制作技巧。在整个教学过程中，我亲自编写了更适合学生学习的音乐教材，并坚持亲自给学生授课，将基础的音乐知识、音乐创作的经验毫无保留地分享给学生。

在教学的时候，我发现很多学生将古典音乐与流行音乐割裂开

了。但他们不知道的是，现代流行音乐本身就是由古典音乐变化而来的。而且古典音乐沉淀的时间很长，其风格、体系、创作套路都是相对成熟的。此外，相比通俗的流行音乐，古典音乐更加严肃和正统。如果能够将古典音乐与现代流行音乐结合起来，就可以拓展更多音乐维度。

我不是“挺韩派”，我只是想知道为什么大量年轻人热衷韩流。我总是强调韩国流行音乐如何好、如何规范，但在这里我也要声明，韩国的流行音乐的确更加体系化，这是不争的事实。但单就音乐元素而言，华语音乐、中华文化更具悠远的民族底蕴。华流的历史文化悠久，古典音乐也非常丰富，这是一个巨大的音乐宝库，如果现代流行音乐可以从中汲取到更多的养分，那么整个华语乐坛将会重现辉煌。

8.很多年轻人创业时都会向自己的导师咨询和求教，询问可不可以这样做？有没有前景？就此，可以分享一些您的做法吗？

阿沁：对，我觉得创业就应该是这样，我的主业虽然是音乐创作与制作，但我现在做音乐教学时，其实更多的是以导师的身份告诉他们应该怎样做。在教学这件事上，我觉得这是一份能够让人产生使命感的工作。但就目前的状况来说，将教学当成一个副业来经营会更有意义。而且我也的确收获了不少成果。2010年我做教学之后，很多学生拿过许多音乐专业幕后的奖项，或者帮线上的优秀艺人写歌、制作专辑，他们会跟我分享他们获得的很多成就。对我而言，这是值得骄傲的事情，我会产生很大的成就感。

有一点我问心无愧，作为一个歌坛“老人”，我也有一定的资源，而且愿意分享这些资源给年轻人。对于一些有心做出好音乐的年轻人，我个人愿意提供更多的帮助。比如，将他们带到唱片公司，或者引荐他们去某制作公司面试，甚至直接向一些制作人进行推荐。

您知道，整个乐坛的圈子还是相对封闭的，圈内的人彼此都认识。很多时候会有制作老师或编曲老师找到我，问我是否有具有潜质的新人，一些唱片公司也经常问我有没有可以引荐的助理或新人。我会毫不吝啬地推荐好的学生，为他们开拓发展的道路。

9.作为幕后推手，您有没有想过成为别人的生命导师呢？

阿沁：关于生命导师的头衔，我不敢领受。就这份工作而言，我觉得每一个人都是在社会大环境下成长起来的。到了自己有能力的时候，要懂得去回馈社会。年轻人需要更多的帮助和资源，如果有机会拉他们一把，我们为什么要迟疑呢？

我当年入行时，也得到了很多提携和帮助，如果没有陈建宁老

师看中我，我也不可能成为歌手和明星。现在我只是做着和当年前辈们做的一样的事情。我觉得华语音乐想要发展，就应该这样子一代代传递和扶持。

10.您在自己的培训事业方面，有制定营业目标吗？

阿沁：我的教学内容主要是教学生作曲、创作，我认为教学只是一个过程，最重要的还是学生的学习成效，也就是成功将歌曲销售给唱片公司、歌手、制作人等。所以我的标准不是招生数，而是学生卖掉歌曲的数量和质量。例如，2023年的年度目标是“一年内帮助学生卖掉200首歌”，我在2023年年底已经达成这个目标了。接下来就不是以贩售曲目的数量为主了，而是以作品质量和艺术性为标准，要求我的学生达到目标。因为真正能长久流传的一定是优质的作品，就跟我自己的经历一样，初期先求有，其次是量，最后要求作品的质感以及影响力。

11.原来是这样！一般企业的目标通常是运营上创造的营收有多少，而您却在成就学生，帮学生获得更多实质上的提高。

阿沁：是的，我觉得教学营收只是一部分，更重要的是一种社会责任感。我觉得成就学生比成就自己更重要。现在，我经常在线上教授同学作词作曲，有时候也会检视他们的作品，提供一些修改的建议和方向。

我为什么这样做呢？因为我想证明一点，那就是我的创作体系

不仅可以将自己打造成一个成功的音乐人，还可以让其他人通过实践实现梦想与人生的成功。我觉得这是一个开创性的体系，至少在流行音乐领域是这样。在古典音乐领域，有很多杰出的音乐家，如肖邦、贝多芬、莫扎特等。他们的作曲方式，或者说创作方式，影响了后世几乎所有的古典音乐创作，后人是在他们的创作基础上进行创作的。我们可以将他们的创作理念与流行音乐的创作想法结合起来。

在我看来，音乐上的发现和体系创造是比金钱更重要的东西。最近几年我一直都在努力推“山水谱”，目的很直接，就是希望以后可以将它推广成为大家学音乐的好工具，甚至是流行音乐作曲的必修课。以后年轻人学音乐，必须学“山水谱”，这也是我一个小小的目标。

12.教学中有没有什么事情让您印象深刻？

阿沁：我印象比较深刻的事，是出门在外被自己的学生认出来。很早以前，我就一直在做线上课程。您知道，做线上课程，学生遍布世界各地，大部分学生是没实际见过面的，也不认识。然后有一次，我坐飞机去北京，刚一下飞机，就有一个年轻人跑过来打招呼，他叫出了我的名字，然后非常礼貌地说自己是我的学生，受到我的影响非常大，并且顺利成为一个独立音乐人。

您知道我当时的感受是什么吗？我根本不认识他，可我的创作理念和方法通过视频、直播等方式影响到了他，推动他坚持创作，并帮助他获得了成功。世界上某个角落的陌生学生因为我的影响而获得成功，我觉得这是一件非常酷的事情。

不仅如此，这件事还给了我一个很大的提醒，我开始反思自己是不是应该继续保持创作力。现在您应该知道我为什么那么喜欢教学了吧！在教学的时候，我每天都提醒学员要写歌，要不断追求更好的作品，这些话也是说给自己听的。在教授学员的时候，我的创作热情燃烧得更旺了。这种感觉非常特别，大概就是所谓的教学相长。从这个角度来说，“施比受更有福”的说法是完全成立的。

13.除了传授相关的音乐知识，您对学员还有其他方面的要求吗？

阿沁：我开办了演艺音乐训练学院，在进行音乐教学时，我记得自己曾非常严肃地对学员们说：“在训练方面除了基本的歌唱、舞蹈外，我最注重的还是人格与态度。我认为一个艺人在待人处世方面必须诚恳、有礼貌，要有正确的工作态度。如果连这些都无法做到，那么如何能成为一位受人喜爱的艺人呢？所以我们的训练除了培训艺人应具备的才艺外，还希望他们能够学习待人处世的正确态度。”

为人处世的态度一直是我非常看重的。我觉得艺人必须有好的人格魅力以及健全的人格，要懂得和周围的同事、同行、粉丝搞好关系，不要事事以自我为中心。

14.我经常在网络上看到您的教学视频，有时也有直播。

阿沁：这大概就是热爱分享的表现吧。对我来说，讲课也是一种复习，有什么就分享什么。交流本身是一件非常好、非常有益的事情。我非常喜欢学员在直播间向我提问题，一些有挑战性的问题会迫使我不断思考。我也在此过程中丰富了自己的音乐知识。到了最后，反而没有什么问题可以难倒我了。

我在接受挑战的过程中不断获得成长。教学不需要太复杂的思维，让学生感受到我对音乐的热爱即可。如此，他们会更容易爱上音乐。

PASSAGE 7

第七篇

爱情、家庭与孩子

1.自媒体时代舆论泛滥，您作为公众人物，怎么调整自己的心态呢？

阿沁：自媒体时代，被人批评是在所难免的。有人喜欢你，自然就有人不喜欢你。如果你想成为一个公众人物，那就要做好心理准备。

我的意思是，你必须接受和理解现实，而不是一味去对抗。认为“对抗就可以让黑粉消失”，是不现实的。在面对这些事情时，

必须明确知道自己是谁，自己所要面对的受众对象是谁，这非常重要。我们不需要所有人都喜欢自己，但一定要确保喜欢自己的人一直支持自己、一直跟随自己。我们如何成长？如何变得更加出色和完美？这才是真正值得关心的问题。

2.您经常会提到家庭和爱人，看得出来您很在乎家里人，您平时是如何平衡工作和生活的关系的？

阿沁：这里不得不提一件事，就是在我结婚有了小孩之后，我的人生观发生了很大变化。过去，我一直觉得“男人就应该在外面赚钱，小孩交给太太去抚养和教育就好了”，因为从小自己的爸爸妈妈也是这样，所以我一直认为这样的搭配和分工是很合理的。有一次，我和太太说起这件事，她非常郑重地告诉我：“事情并不是这样的，你不能错过小孩子长大的时光。”

最初的两年，我不太懂这句话，后来慢慢才明白这句话的含义。有一天，我回到家时，突然觉得女儿越来越大了。那段时间，我非常忙，基本上一年有一半以上的时间都在外地演出。看到孩子一下子长到那么大，终于醒悟过来，觉得再这样下去肯定不行。

人生到了这个阶段，既然选择了婚姻，也有了小孩子，那么就要将自己人生的部分时间留给家庭和孩子。现在我就是这样做的。我把手上的工作尽量简化，白天将女儿送去学校之后，我才会到工作室工作，或者与导演、唱片公司方开会。每天只工作到17点，然后准时去接小孩回家吃饭。

小孩子最需要的就是陪伴，他们对父母的索求其实并不多，只是平时吵吵闹闹的。父母需要在孩子吵闹的过程中慢慢深入孩子的生活，让他们感受到父母付出的爱。我很喜欢一句话：“我们应该将光阴浪费在值得浪费的人身上，那就是太太与孩子。”

这句话听起来很有智慧，浪费时间有时候也是值得的。跟小孩在一起或许不能让我赚到钱，但可以让我获得亲密感与归属感。

我女儿是一个记性很好的人，平时绝对不能糊弄她。比如，我让她赶紧去学校，并承诺晚上买个玩具给她，如果晚上我没有买，她就会提醒我要兑现诺言。

我的女儿清楚地记得我的一言一行，时刻提醒我要说到做到。我觉得这非常重要，如果我做不到一件事，比如今天不能回家，不能给她买礼物，那我就不会轻易做出承诺。我不能欺骗她。

3.您觉得音乐人应该持续产出作品吗？您怎么看待音乐人长时间没有产出作品？

阿沁：我觉得一个歌手长时间不出作品并不代表有什么问题，虽然我自己依然保持着每天创作一首歌的习惯，但那也只是我的一种喜好。每个人都有不同的追求，每个人的想法都是不一样的。对我来说，从事音乐创作，并不是为了出作品，而是长期形成的一种生活习惯，就像写日记一样。每个人的情况不同，并没有什么所谓的对与错，完全是看个人的选择和人生规划。

我觉得拥有一个好心态，不活在别人的评价当中是很重要的。当然，这也和个人所处的人生阶段有关。不同的阶段肯定有不同的追求。年轻的时候，大部分人都想证明自己有多么厉害。像我这种40多岁的人，可能就没有那么多的追求、那么强烈的得失心了。我对自己有一个正确、合理的评估，知道自己究竟有几斤几两。

4.您觉得该如何避免事业上或创作上的得失心？有没有一个转折点？

阿沁：我觉得关于人生要做什么以及怎么做的思考，也是慢慢转变的，并没有所谓的突然转折。但对于男人来说，结婚前和结婚后还是有差别的。在我看来，一个人有了家庭，有了不同的身份，思维方式就会发生变化。一个人过日子的时候，我更在意如何获得更多的个人成就，清楚地知道自己需要什么，不需要什么。可是自己有了家庭，甚至有了孩子之后，发现自己还担负着家庭责任，这

个时候个人的所有选择都必须经过慎重的思考，对梦想的追求也要适当做出妥协，这就是一种责任感的体现。

我是2014年结婚的，到现在也有九年多了，我明显感觉到自己慢慢将重心偏向了家庭。人的精力和时间是有限的，得到了家庭，可能就会渐渐失去事业。如何克服得失心？我认为，打破婚前建立的工作习惯和生活习惯，刚开始会有一点不适应，发现自己突然不像以前那样自由了。有了另一半，自己在做很多事情时，都要考虑时间的分配问题。比如，我太太有长期浅眠的问题，我如果半夜创作，就要控制好音量。另外，也要考虑岳父、岳母的感受。无论是家庭聚会，还是家庭内部的一些活动，我都要做更加合理的安排，不能像单身时那样随心所欲了。

好在我现在已经调整到一个非常好的状态了。自从有了家庭和孩子，我的生活节奏或多或少做了一些调整，比婚前更有规律了。有时候孩子们会到我的工作室听我写的新歌。

5.说说您的妻子吧，你们的感情怎么样？

阿沁：说起妻子花花，我觉得有点内疚。刚结婚时，我的工作量很大，除了要参加巡回演唱会，还要处理公司的事务，可以说整个家都靠她一个人照顾，让她受了不少委屈。尤其是2016年的时候，她怀上了第二胎，当时我们一家人都沉浸在喜悦之中，没想到没多久她竟然不幸流产，这件事使我们备受打击。最难过、最受伤害的人是我妻子，作为一个准妈妈，失去孩子的那一刻，她肯定是最难过的。我很快振作起来，毅然决然推掉了所有的工作，一直陪

在她身边照顾她。

这件事对我的影响比较大。作为一个丈夫，我平时只知道忙于工作，亏欠妻子的实在太多了，完全忽略了她的感受。不过，幸运的是，下半年她再次怀孕，我们拥有了第二个爱情结晶。在妻子度过了不稳定期后，我悬着的心才稍稍放下来。

很多二十几岁的年轻女人都热衷于打扮自己，但我太太很长时间里每天只能围着小孩子转，没有时间好好打扮一下自己，也没有时间外出购物，享受自己与朋友们的生活。这几年，我开始着手音乐教学和个人演出的工作，她更是全身心投入家庭，为此牺牲了自己的演艺事业。我一直说一定要好好对她，好好经营这份感情。

时间很快，今年即将迎来我们结婚十周年，过去的种种经历，都成为现在的回忆。点点滴滴，我们都放在心里。

6.有想过以女儿为创作中心写首歌吗？

阿沁：两个女儿小时候过生日时，我曾分别为她们写歌。我这些年创作过很多不同的作品，只不过这些作品并没有发行。在我看来，写歌只是为了帮她们做个成长记录。我觉得过生日的时候写歌，只要坚持写上10年，每年写一首歌，那么10年之后就可以制作成一张专辑。在我看来，这样经营一个家庭会让人觉得很幸福，孩子们长大后也会产生强烈的幸福感和获得感。

TSUTAYA
死んだはずの両親と共に
戦う忍者・ナルト!
今、感動のクライマックス!
7.28
ROADSHOW
大盛堂書
渋谷駅
MIZUHO

7.我看您经常在节目中大谈育儿经，您在育儿方面有什么心得吗？

阿沁：说起育儿，除了日常照顾孩子外，我还会花时间陪孩子玩。我以前也算是一个工作狂人，平时很少会停下来休息，但为了孩子，现在我直接在家里工作。比如，我经常在早上练琴，或者在琴房里谱曲，女儿睡醒之后，就会偷偷跑进来，直接坐在我腿上一通乱弹。看到女儿这么喜欢钢琴，我干脆购买了一架迷你钢琴。这样我就可以一边创作，一边观看女儿弹琴的可爱模样。这样的状态

让我感到幸福。有趣的是，女儿弹钢琴已经弹出兴趣，我非常开心女儿能找到自己喜欢做的事。

我女儿活泼好动，平时总是好奇地探索这个世界，有时候她会拿起我的画笔在家里乱涂乱画，我和太太就买来画板，让她们学画画。她们也喜欢跟我太太一起动手做蛋糕和点心、学化妆、学穿搭。兴趣多元，对各种事物保持高度兴趣，是她们的特点。

♪

8.我记得周杰伦曾为自己的家人写过歌，比如他曾经为最疼爱自己的外婆创作了一首歌《外婆》，还特意贴心地带外婆参加自己的演唱会。不仅如此，周杰伦还专门以母亲的名字创作了经典专辑《叶惠美》。

阿沁：是啊，我觉得这是一件很棒的事情，给最亲近的家人写歌，那种感觉难以描述，是非常有意义的事情。其实除了给女儿写歌外，我也给我的阿嬷写过歌。因为我从小和阿嬷的关系非常好，在我的成长过程中，阿嬷扮演了非常重要的角色。正因为如此，多年前阿嬷去世之后，我陷入了巨大的悲伤。然后有一天，我有感而发写了第一首融合闽南语的作品《我的阿嬷》，这首歌的歌词简单直白，但却是我最真实的情感流露。

小时候，你用布满皱纹的手

牵着我，话很少说

眼神中，透露你有多么爱我，可是我不懂

长大后，我努力朝着自己的梦，一心向往台北的生活

偶尔抬头仰望天空，想起你的笑和酒窝，想不想我

我的阿嬷，我要回来看你啦

我的阿嬷，今天星星多美啊

我的阿嬷，我会永远爱你啊

你是我的阿嬷

我的阿嬷，今夜你不要害怕

我的阿嬷，让我陪在你身旁

我的阿嬷，我会永远爱你啊

因为我是你的孙啊

我的阿嬷，我要回来看你啦

我的阿嬷，今天星星多美啊

我的阿嬷，我会永远爱你啊

你是我的阿嬷

我的阿嬷，让我陪在你身旁

我的阿嬷，今夜你不要害怕

我的阿嬷，我会永远爱你啊

因为我是你的孙啊

小时候，你用布满皱纹的手

牵着我，话都没说

眼神中，透露着你有多么想我，现在我才懂

长大后，我用弹着音乐的手

写首歌，在你心中

今天后，我要常常在你梦中

因为你是我的阿嬷

9.有没有想过给歌迷写歌？或者说您有没有想过让歌迷参与您的创作？我记得您好像在某平台上聊过这件事。

阿沁：不知道您有没有关注过我以前的歌曲，其中有一首歌曲*Thank You*，就是我专门写给朋友和歌迷的。可能很多人都没有听过，但我确实曾将自己对歌迷的情感写入歌曲。说到创作，我一直强调共创，其实自己也曾和歌迷一起互动写歌，最典型的就是今年推出了一个计划叫“REAL MUSIC共创计划”，我将马拉松式创作

CAFÉ
D'AMOUR
Open

101首DEMO歌曲的音轨都开放给歌迷，希望能够和他们一同来完成歌曲。我在其他访谈节目上也聊过这个计划。在我看来，“REAL MUSIC共创计划”包含友情、爱情、亲情、梦想，曲风有电音、摇滚、流行、舞曲、民谣等。歌曲主题非常广泛，包括爱情的到来、拥有与失去，也有探讨真爱的主题。

对我来说，“REAL MUSIC共创计划”是一个很独特的创作计划。与歌迷一同分享和创作，可以让歌迷不受距离、空间的限制，全程享受创作歌曲的乐趣。这是我挖掘出来的新模式，一种颠覆传统的全新音乐形态。